PILGERFAHRT NACH SANTIAGO DE COMPOSTELA UND BIS ANS ENDE DER WELT (CABO FISTERRA)

Max vom Orlandshof mit einer Kawasaki 250 Estrella 5570 km auf Tour um ein uraltes Versprechen irgendwie noch einzulösen.

MAX VOM ORLANDSHOF ist natürlich ein Kunstname. Hier schreibt kein Adliger oder der frühere Besitzer des Orlandshofes in Westpreußen (seit 1920 Grumowo in Polen). Auf diesem Gutshof der Herren Orlando wurde 1912 mein Vater <u>Maxi</u>milian als Sohn des früh verunglückten/verkrüppelten Kutschers geboren, der auf der Geburtsurkunde für Max noch mit „XXX" unterschrieb. Aus der großen Armut und Unwissenheit konnte sich mein Vater aus eigener Kraft herausarbeiten. Ich konnte viel von ihm lernen.

Meine weiteren geplanten Bücher:

- „Nichts für Niemanden", über Gesellschaft und Staat
- „Brandenburg, Westpreußen und Masuren", über die Wurzeln eines „Heimatlosen"
- „Hanna goes Montana", Besuche bei Auswanderern

Und vielleicht später noch:

- „Seidenstraße mit dem Motorrad"
- „Australien"

[Hier eingeben]

[Hier eingeben]

Bibliografische Information der
Deutschen Nationalbibliothek
Die Deutsche Nationalbibliothek
verzeichnet diese Publikation in der
Deutschen Nationalbibliografie, detaillierte
bibliografische Daten sind im Internet über
http://dnb.dnb.de abrufbar

IMPRESSUM:

© 2015 Max vom Orlandshof

Herstellung und Verlag:

BoD - Books on Demand, Norderstedt

ISBN: 9783734753756

INHALTSVERZEICHNIS:

MIT 66 JAHREN, DA FÄNGT DAS LEBEN AN

Dieses kurze Buch beschränkt sich nicht auf die Fahrt nach Santiago de Compostela. Ich erzähle hier von meinen Beweggründen, ich berichte über die technischen Vorbereitungen, aber auch über meine verschiedensten Gedanken vor der Fahrt und während der Fahrt.

Wichtig ist für mich besonders, was hat sich seitdem in meinem Leben geändert? Und das war erheblich und einschneidend.

Ob dies nun die „heilsame Kraft" der Pilgerfahrt war, oder einfach der vorhandene Wunsch, zu neuen Ufern aufzubrechen, lasse ich mal dahin gestellt.

Vor etwa 20 Jahren wollte ich zu Fuß nach Santiago de Compostela pilgern.

Der Grund war sehr persönlicher Natur und galt auch 2012 noch. Die gesamte Strecke wollte ich gehen und wenn es denn auf mehrere Jahresurlaubsetappen verteilt werden müsste. Es sollte aber nie sein, da meine verstorbene Frau – irgendwie zu Recht – davon ausging, dass unsere

Urlaubszeiten auch für gemeinsame <u>Urlaube</u> herhalten sollten.

Nun als Pensionär und Witwer seit Januar 2011 war ich zumindest in den Sommerferien 3 Wochen am Stück frei von der Enkelkinderbetreuung.

Zu Fuß wäre der Pilgerweg für mich aus diversen gesundheitlichen Gründen leider nicht mehr machbar gewesen, auch nicht mit dem Fahrrad.

Also kaufte ich im September 2012 für wenig Geld in einem spontanen Anfall von „Wahnsinn" noch eine 1994er Kawasaki Estrella mit 250 ccm zu meinem dicken 1250er Suzuki GSX Reisedampfer hinzu. Mit dieser hätte ich doch das Gefühl gehabt, eher eine Urlaubsreise nach Spanien zu machen.

Die Einzylindermaschine mit 17 PS versprach da schon eher eine Herausforderung". Also Kaufvertrag unterschrieben, die Maschine abgeholt und direkt zur Kawasaki Vertretung Weil in Solingen zwecks 5000er Inspektion gebracht.

Am nächsten Tag dann über das Wochenende zu einem Treffen von Motorradfahrern am Edersee gefahren.

Leider handelt es sich bei der Estrella eher um ein

„Showbike" als um ein Reisefahrzeug. Statt eines Soziussitzes gab es da immerhin einen winzigen Gepäckträger auf dem hinteren Kotflügel. Und statt des eher komfortablen Einzelsitzes im Originalzustand war lediglich ein sogenannter „Posersattel" in der Härte eines Fahrradrennsattels angebracht.

Ein echtes Foltergerät!

Nach den 600 km von Solingen zum Edersee, nach Bad Wildungen und zurück dürfte mein Hintern ausgesehen haben wie ein Pavianarsch. Jedenfalls tat er mächtig weh.

Der vorherige Besitzer war mit dem Teil immer nur von Wuppertal-Vohwinkel bis zum Cafe Hubraum in Wuppertal-Kohlfurth gefahren, erfuhr ich auf Rückfrage. Der Originalsattel war nicht mehr auffindbar.

Die (zu) schwere 1250er Suzuki ist mittlerweile verkauft. Ich konnte sie nicht mehr allein hoch heben. Die 650er gehörte da schon meinem jüngsten Sohn, die 250er Estrella rechts wird wohl mit mir zusammen noch sehr alt werden. Hier hatte ich bereits ein Gelkissen auf dem Foltersattel liegen.

Frage also an Radio Eriwan: „Ist es möööglich zu fahren mit einer Kawasaki Estrella bis Santiago und wieder zurück?"   Die Antwort lautete: „Ist möööglich, wenn du hast viel Geduld und einen Superbequemsattel vom Sitzbankbezieher

Niklas Lange aus Solingen. Dann wirst du zurück-
kommen wie mit einem zarten Babypopo."

Bei Niklas diskutierten wir die diversen Möglich-
keiten. Originalteil bei Kawasaki bestellen für ca.
350 €, oder etwas Neues aufbauen? Den Posersattel
aufpolstern?
Irgendwie nicht gut. Sitzfläche zu klein, die Sitzhöhe
wäre eventuell zu hoch geworden. Da hatte ich
doch noch die Einzelsättel meiner 250er MZ-
Schwingenmaschine von 1968 irgendwo in der
Garage? Das Soziusteil hatte ich wohl beim Umzug
entsorgt, aber der mit Innenfedern ausgestattete
Fahrersattel war noch da.

Alles war zerbröselt, also bis auf das Blech alle
traurigen Überreste entfernt und dann Sand-
strahlen lassen.
Danach montierte ich noch eine längere Stahl-
blechplatte mit einem vorderen Gelenkteil (war
eigentlich als Schubkarrenachse hergestellt worden) unter den MZ-Sattel und grundierte und lak-
kierte alles. Zum vereinbarten Termin polsterte

Niklas dann in mehreren Schichten 5,5 cm spezielle Schaumstoffe auf, dazu eine wasserfeste Folie drüber und schlussendlich einen rutschfesten Bezug als Abschluss.

Damit sich das Ganze auch schön „schwammig-beweglich" anfühlen sollte, kamen noch Chromfedern für einen Harleysattel <u>unter</u> den Komplettsattel. Einige Teilnehmer in diversen Motorradforen lästerten über den „Dekubitussattel" oder darüber, dass man damit wohl kaum noch ein Gefühl für die Straße hätte.

„Alles reine Geschmackssache", meinte da der Bulle, als er der Kuh am Ar…. leckte.

Mir ging es ja nicht darum, mit der „ungezügelten 1-Zylinder-Kraft" auf der letzten Reifenrille um die Ecken zu fahren und dabei Giacomo Agostini noch auf der Außenbahn zu überholen…

Es zeigte sich während der 5570 km in 18 Fahrtagen, dass dieser Sattel absolut rückenschonend ist und mein Pöppes weder das Gelkissen benötigte, noch die vorsichtshalber mit genommene „Baby-Popo-Creme".

Zudem war der Sattel durch das vordere Gelenk nun Richtung Tank mit mehr als 90 Grad aufklappbar. So kommt man leichter an die Batterie bzw. an das Werkzeugfach.

Alle Fotos wurden übrigens mit einer einfachen 5 Megapixelkamera meiner Enkel gemacht. Erst nach dieser Tour holte ich mir selbst eine „Lumix" und mittlerweile bin ich mit einem Samsung Galaxy S III neo auch hier auf aktuellem Stand.

Immerhin hatte ich vorher noch ein Notebook erworben, um auch den Navikurs absolvieren zu

können um die Tour zusammenzustellen und
schließlich auf das Navi zu übertragen.
Zudem wollte ich ja von unterwegs mit dessen Hilfe
Fotos und Berichte einerseits an eine Adressgrup-
pe „Santiago" (mit 71 Personen) in meinem
Email-Ordner verschicken, andererseits auch an
Foren. Leider waren die W-Lan-Verbindungen in
den Hotels oft sehr instabil.
Kostete mich viel Zeit und Nerven.
Ausgerechnet das günstigste Hotel in Lugo hatte
aber eine Kabelverbindung.
Die musste ich zwar suchen, denn der Anschluss
war hinter dem Bett und das kleine Tischchen lag
diagonal gegenüber im Raum.
Jedenfalls war die Verbindung stabil.

Die Unterbringung des Gepäcks für bis zu 3
Wochen war da schon schwieriger. Immerhin hatte
ich lange überlegt, ob ich einfach ohne Zimmer-
buchungen los legen und für Notfälle Zelt, Isomatte
und Schlafsack mitnehmen sollte.
Für diese seltene Maschine gibt es eigentlich
keinerlei Zubehör, es sei denn, man bastelt sich

welches. Ein Rohrbieger/-schweißerbetrieb in Solingen war bereit, mir ein Gepäcksystem und Sturzbügel passend herzustellen.

„Leider" war seine Auftragslage Anfang/Mitte 2013 recht gut. Er hatte für den „Kleinauftrag" immer wieder keine Zeit und ich wurde langsam nervös. Also fuhr ich mit dem Maschinchen zur Fa. Fehling und der Chef hatte die Geduld, mit mir mehrere Chromteile von diversen anderen Maschinen an das „Mopped" zu halten. So bestellte ich bei ihm Sturzbügel für eine Kawasaki W 800, Kofferträger und Topcaseträger für GIVI-Koffer je 46 Liter – passend für eine Triumph Bonneville. Da, wo der Winzgepäckträger auf dem hinteren Kotflügel saß, sollte ein größerer Träger für eine Suzuki 1800 Intruder drauf. Dazu kam noch eine Tüte mit diversen Chromhülsen, die zwischen 5 mm, 10 mm und bis 15 mm Länge lagen. Damit sollte man doch einige Differenzen ausgleichen können.

Schon bei dieser Fahrt über die Autobahn mit Gas-griff am Anschlag bemerkte ich, wie gut das kleine Motörchen lief und auch schnell genug, um den LKWs vorweg zu fahren.

Wie würde dies dann mit all den Koffern etc. ablaufen? Würde der „Großsegler" im Seitenwind wackeln und taumeln?

Die Kritiker in den diversen Foren beschworen alles Mögliche:

Instabilität, Motorschäden und dafür wäre die Estrella doch zu Schade.

Und überhaupt, wie kann man eine so schöne Maschine nur so verschandeln???

Die nächsten Wochen war ich häufiger in meiner Garagenwerkstatt. Den Sturzbügel für die W 800 befestigte ich oben mit einer Seitenwagenschelle der 68er MZ. Kugelkopf abflexen, Innenflächen ebenfalls per Flex an die Form des vorderen Rahmenrohres anpassen. Für die untere Befesti-gung trickste ich mit einer Gewindestange quer durch und zwei Laschen aus 6 mm Flachstahl und den passenden Bohrungen.

Grundieren und Sprühdosenlackierung, dran schrauben und fertig? Nö, da musste noch die Elektrosteckdose verlegt werden und schließlich sollten noch Trinkflaschenhalter bzw. Dosenhalter am Bügel links befestigt werden.

Da es für Harleys ja Hunderte Chromteile für jeden Zweck gibt, kamen da Spiegelhalter an den Bügel und statt diverser Spiegel eben der Dosenhalter. Die Konstruktion hat sich übrigens so nicht bewährt. Die Hitze nahe des Motors ließ die Plastikflaschen weich werden. Der scharfkantige Blechbügel unten, der Dosen oder Flaschen halten sollte, machte deshalb Löcher im Plastik. Die Innenflasche war deshalb leer, die Außenflasche eher warm zum Händewaschen.

Künftig kommt also eine runde Aluscheibe unten in die Halter und ein kühlerer Platz muss her.

(Kleine Bemerkung am Rande: Mittlerweile konnte ich tatsächlich einen passenden Sturzbügel für die Estrella kaufen. Sobald es wärmer wird, kann ich dann tauschen und weiterverkaufen.)

Hier nun mal zur Veranschaulichung das „Endprodukt" am Abend des ersten Fahrtages. Sah nun wirklich aus wie ein Großsegler mit Hilfsmotor.

Von vorne aus gesehen:

Rechts am Bügel (nicht sichtbar) die Steckdose.

Links am Bügel kaum zu erkennen unter den Tank-

taschen der Flaschenhalter. Die beiden Tank-

taschen für Regenzeug etc. Der kurze Tankruck-

sack, bei dem ich tanken konnte, ohne ihn um-

ständlich abschnallen zu müssen. Im Tankrucksack

waren unter anderem das (Bord)Werkzeug und die

Zündkerzen. Also eher schwere Teile nach vorne.

Diese 3 Gepäckteile konnte ich nun flatterfrei mit

Gurten am Sturzbügel befestigen.

Am Lenker ein verchromtes Doppelinstrument für

Harleys: Uhr und Thermometer. Wo gibt es unterwegs noch funktionierende öffentliche (Kirchturms) uhren? Und die Uhr unter der Handschuhstulpe nützt da auch wenig.

Natürlich noch ein Halter für mein Garmin 660 Navi. In den Helm klebte ich ein billiges System mit zwei Lautsprecherpads. Das lange Kabel mit Stecker zum Navi war zwar ein wenig lästig, aber ich bin nie darüber gestolpert.

Aber man gewöhnt sich ja an allem,
selbst an dem Dativ.

Wenn ein alter Mann im „knackigen" Alter absteigt, dann ist dies so langsam und vorsichtig, dass er dabei auch an die Kabel denkt. Meist hatte ich schon im Sitzen den Helm abgenommen und mitsamt des Kabelgerödels über einen Spiegel gesteckt.

Leider fiel bisweilen ein Lautsprecher aus. Da ich unter dem Helm natürlich nicht noch meine Hörgeräte trug, kam da mitunter wenig an. Klappte trotzdem irgendwie alles unterwegs, da ich wohl ein körpereigenes Navigationsgerät wie die Zugvögel habe.

In der Kartentasche des Tankrucksackes hatte ich alle Tagesetappen in kopierten und zusammengeklebten Straßenkarten mit einem Haushaltsgerät einfoliert.

Der Großteil des Gepäcks landete in den 3 preisgünstigen Koffern zu je 46 Litern von Louis. Mein Gott, sind die mächtig. Das wird ja zusammen mehr verschließbarer und „wasserdichter?" Stauraum als beim Smart.

An der großen Suzuki hatte ich nur die 36 Liter Koffer. Aber ich plante ja schon für noch längere Reisen (zum Beispiel 3 Monate Seidenstraße oder rund um Australien).

Um die Fehlinghalter für die Bonneville an die Estrella schrauben zu können, baute ich aus 6 mm Flachstahl einen Hilfsrahmen. So konnten die Koffer – auch Dank der Einzelsitzlösung – als gewünschtes Nebenprodukt weiter nach vorne und weiter nach oben rutschen.

Beim Verschweißen der Einzelteile musste ich feststellen, dass meine letzten Gas- und Elektroschweißarbeiten doch schon über 20 Jahre her waren. Die Nähte gefielen mir _optisch_ nicht so richtig. Der Schlosserbetrieb um die Ecke konnte es deutlich besser – für kleines Geld.

Der Hilfsrahmen wurde wiederum per Sprühdose grundiert und lackiert – durch meinen ältesten Enkel, damals 11. Das klappte ganz gut und der Junge konnte stolz auf seine Arbeit sein.
Als Lackierkabine diente ein großer Pappkarton im Hof. Die Stützstreben (links zur Fußraste, rechts zum Auspuffhalter) hatte ich per Flex und Polierscheibe geglättet und dann verchromen lassen.

An die linke Strebe schraubte ich noch einen Halter für einen 3-Liter-Reservekanister. 3 statt 2 Liter, da man diesen Kanister mit dem Tankrüssel einfüllen kann ohne einen extra Trichter.
Ich musste während der Fahrt nie diesen Kanisterinhalt einfüllen, aber an insgesamt drei Tagen in Galizien beruhigte es doch ungemein, diese 3 Liter zu haben, da ich schon weit auf Reserve fuhr bis endlich eine Tankstelle kam.
Auf der rechten Seite hing eine kleine Tuaregtasche mit einem 1-Liter-Behälter passenden

Motoröls.

Wie man weiter erkennen kann, hatte ich auf den größeren Suzuki-Intruder Gepäckträger noch eine Halteplatte für ein weiteres (dann 4.) aber nur 30 Liter fassendes Givi Topcase geschraubt.

Der Gepäckträger darunter war mit Hilfe eines 1,5 mm Edelstahlbleches mit ein Teil des gesamten Trägerverbundkonstrukts. In der Mitte des Bleches liegt eine angepasste Polyamidrolle als Auflage und Schraubenhalter.

Das Material der Rolle dient sonst in Scheiben als Haltepunkte für Alu-Koffer und ließ sich relativ leicht bearbeiten. Es waren ja zweifache Anpassungen an den Kotflügel und an das Blech notwendig.

Sollte ich dereinst doch noch meine geplante Seidenstraßentour fahren (*Obama, lass endlich die Hände von der Krim und der Ukraine*), könnte da der 4. Koffer hin, oder ich befestige an meinem Supersattel noch die bequeme Rückenstütze des 400er Suzuki Burgman Rollers. Aber das mit dem Roller erzähle ich gegen Ende meiner Geschichte.

So diente diese Fläche zwischen den 3 Koffern mit Hilfe einer Gepäckspinne und eines Wäschebeutels als Fahrtwindtrockenbereich für Schlafanzüge oder Wäsche, die nicht innerhalb einer Nacht getrocknet war.

Zu sehen ist auch noch das Gelkissen von Louis, das während der Hinfahrt vorsichtshalber auf dem Sattel lag.

Auf der Rückfahrt ließ ich es weg. Wäre gar nicht nötig gewesen und hatte das Sitzgefühl natürlich noch ein wenig weicher/ schwammiger/indifferenter gemacht.

Als die Maschine dann so ausgerüstet war, kamen noch weitere Probleme hinzu. Als Einsitzer hat die Estrella lediglich eine Zuladung, die ich allein in voller Ausrüstung fast schon auf die Waage bringe. Deshalb bat ich Kawasaki Deutschland um eine Unbedenklichkeitserklärung für eine „Auflastung" beim TÜV. Die kam auch prompt und ich konnte die höhere Zuladung der Zweisitzer-Version eintragen lassen. Dies und die (vorgezogene) HU ließ ich kurz vor der Abfahrt erledigen.

[Hier eingeben]

Dabei konnte der TÜV gleich meine diversen Anbauten besehen.

Es gab keinerlei Beanstandungen, was für ordentliche und sachgerechte Arbeit spricht. Als zulässiges Gesamtgewicht waren nun 311 kg eingetragen und keiner konnte mich künftig wegen Überladung anpinkeln.

Über die Schönheit des Endproduktes könnte man heftig streiten und es gibt sicherlich geeignetere Maschinen für solche Touren.

Aber warum sollte man als Rentner nicht etwas extrem Ausgefallenes planen, was in den letzten 50 Jahren bei mir ja nicht möglich war, da ich bereits mit 18 Jahren geheiratet hatte, Verantwortung übernommen und mir seitdem stets nur „*Denselbigen*" für die Familie aufgerissen hatte.

Zur Probe fuhr ich dann noch ein Wochenende zum „Meisentreffen" nach Sarstedt. Hier allerdings nur mit den beiden Seitenkoffern und dem gesamten Zeltgerödels längs über dem Heckträger und dem Topcaseträger.

*(Meise, es war wieder schön bei dir und
die Sonne schien auf den alten Max.)*

Das Motörchen schnurrte nur so über die Bahn
(wie dann auch während der gesamten Santiago-
Tour) und das Fahrwerk machte alles gutmütig mit.

Beinahe wäre alles für mich beendet gewesen, als
sich auf dem Rückweg bei 120 kmh ein dickerer
Spanngurt im Hinterrad verquirlte.
50 Jahre Fahrerfahrung halfen, ohne Sturz auf dem
Standstreifen zum Halten zu kommen.

*Und das mit dem Gepäck verzurren üben wir
dann noch ein wenig.*

Vor der Abfahrt nach Santiago noch eine Durch-
sicht bei Kawasaki Weil in meinem Beisein.
Als Ersatzteile kamen noch 2 Zündkerzen und ein
Reifenventil in den Tankrucksack. Etwas wenig,
aber es sollte punktgenau reichen.

Also, dann mal los....denkste.

Ich war ja 25 Jahre „Organisationsleiter" und – obwohl kein Pedant – doch eher gewöhnt, mir eingehende Gedanken zu machen. Für mich bestehen größere Urlaubsfahrten und natürlich so eine „Pilgerfahrt" immer aus drei Teilen:

1. Der etwa einjährigen gründlichen Vorbereitung
2. Der Fahrt selbst
3. Den mindestens 20 Jahre andauernden Erinnerungen

Schon im Februar 2011 hatte ich bei der VHS begonnen, Spanisch zu lernen. Ab 2012 kam dann ein Auffrischungskurs Französisch hinzu. Zudem noch aus Lust und Laune ein Anfängerkurs Italienisch. Meine Kenntnisse dieser Sprachen waren eher desolat (und sind auch bis heute nicht unbedingt gut geworden).
Italienisch und Spanisch waren neu für mich. Französisch hatte ich von 1959 bis 1961 am Helmholtz-Gymnasium in Karlsruhe gehabt. Die Benotung dieser 4 Halbjahre war sehr stringent: 3 – 4 – 5 – 6 (also nicht versetzt ins 9. Schul-

jahr).

Meine Lektüren damals waren halt eher Karl May, Hans Dominik und das „Neue Universum" gewesen. Mindestens 3 Stück davon die Woche und dazu noch die 12 Bände „Herder Lexikon" meines Vaters etc.

Zudem lockten die Baggerseen und der Altrhein. Im „Epple" wäre ich am 1. März 1961 fast ersoffen. War der noch kalt...

Ich hatte da viel Glück, Mitschüler von mir danach im Sommer 1961 nicht.

Für die Planung einer Route mit Garmin MapSource belegte ich im Februar 2013 ein Seminar im Wester- wald. (Besten Gruß an Eckhard Jäger.) Als „Bestager" oder auch „Alter Sack" tut man sich ja etwas schwerer mit „all dem neumodischen Scheiß" (Begriff frei nach Reiner Meise – ich grüße dich ebenfalls).

Natürlich wälzte ich spezielle Reisekarten und Fach- literatur über den „Camino", den „Weg".

Sah Bildbände an, besuchte einen Vortrag der Jakobusbruderschaft. Nahm jeden noch so blöden Fernsehbericht über den Weg mit.

Nein, Hape Kerkeling hatte ich weder gelesen noch gesehen. Habe es auch nicht mehr vor.
Den Film „Ich trage dich bis ans Ende der Welt"
mit dem Schauspieler Elmar Wepper (nicht zu verwechseln mit dem Bruder), sah ich mehrmals. Hat mich sehr beeindruckt. Die abgespulte Darstellung der weiblichen Rolle eher nicht.

Ich versuchte mich als alter Geschichtslehrer in die letzten etwa 1200 Jahre hinein zudenken.
Diese Vermischung von wirtschaftlichen Interessen mit der zuerst vorherrschenden Idee, durch ein christliches „Heiligtum" am äußersten NordWest-Rande des muslimischen Herrschaftsgebietes in Spanien einen Punkt zu schaffen, der unbedingt verteidigt und gesichert werden musste.
Der angeblich dort begrabene Jakobus der Ältere als „Matamorus", als „Maurentöter".

Schon wird in der Gegend von einigen „politisch Korrekten" verlangt, diesen (historischen) Bezug zu tilgen. Er könnte schließlich „Kundschaft vergraulen", sage ich mal so einfach.

(Ich bin ja vom Verein für deutliche Aussprache und aufrechten Gang, was viele nicht verstehen, die lieber um Sachverhalte drum rum reden.)

Heißt es nicht, Jesus hätte alle Schacherer aus der Synagoge/dem Tempel vertrieben (was wohl auch nur eine fromme Legende ist).

In Santiago haben diese Geschäftemacher allerdings die Innenstadt um die Kathedrale voll im Griff. Davon später mehr.

Auch vom gehäuften Auftreten der Bettler und „Berufsversehrten", die dort fest auf die Gefühlsduseligkeit der Pilger und Touristen rechnen können.

Mit Hilfe diverser Karten entwarf ich einen Tourplan, mit etwa etwa 300 km pro Tag. Leider häufiger auch auf Autobahnen, da ich ja nur eine begrenzte Zeit für die Tour zur Verfügung hatte.

Hierbei musste das Zwischenziel immer nach Möglichkeit ein (größerer) Ort sein, in dem ich übernachten konnte, ein Speiselokal für den Abend finden und ein wenig zu Fuß den Ort besichtigen.

Die Bilder im Kopf verdichteten sich immer mehr. Zuerst war alles, auch die Strecke, eher ein grob gerastertes Mosaik. Von Tag zu Tag kamen neue Bilder und Vorstellungen hinzu.
Heute würde man wohl sagen, aus 100 Pixeln wurden 1000 und schließlich Zehntausende.
Das Bild wurde immer klarer und wie schon bei meiner USA/Kanada Tour 1997 und der Australientour 2001 hätte ich kaum noch ein Navi oder Karten gebraucht. Irgendwie lief alles vorab schon wie ein Film in meinem Kopf.
Bei jeder möglichen Streckenvariante kamen Geschichten und Geschichte als Assoziationen hoch.

(Hört sich fast an wie die „Songlines"
der Aborigines in Australien.)

Verdun – warum nicht den Hinweg über Verdun nehmen? Ich war da noch nie gewesen. Als Geschichtslehrer. Wie blamabel(?)
Was daraus geworden ist, sieht man in einem der Anhänge – ohne die Zwischenstationen – an meiner Auflistung meiner Übernachtungsorte, der Zimmerpreise, der Preise für das Frühstück etc.

Ich hatte alles kurz vorher auf den letzten Drücker (meine große Schwäche) in aller Eile über booking. com gebucht.
Vielleicht hätte ich da in dem einen oder anderen Fall genauer auf die Stadtpläne sehen sollen, aber insgesamt war ich sehr zufrieden mit der Auswahl, der Lage und dem Preis-Leistungs-Verhältnis.

Ich sah abends nach der Tagesetappe eh meist aus wie der „Gesichtsälteste", was man mir in Pau noch bestätigen sollte.

Der Abfahrtag war einerseits festgelegt durch die Lage der Urlaubsreise meines Jüngsten mit der Schwiegertochter und den beiden Enkeln.

Zudem wurde der kleinere Enkel am 10. August 9 Jahre alt.

Wir vereinbarten deshalb ein ausgiebiges Frühstück für den 10. August und ich hatte das Moped bereits abfahrbereit in meiner Garage stehen. Der kleine Tankrucksack war gut gefüllt.

Unten Warnweste und Verbandsbeutel, danach Werkzeug, Minikettenspray, Minivisierspray, Tempopäckchen zum Auffüllen der Hohlräume etc.

Im Mittelfach Ersatzventil und Eckventil zum besseren Reifenfluten und natürlich wieder Tempos.

Im Kartenfach oben waren der Reihe nach alle gescannten Karten für jeweils ein bis 3 Tagestouren, wie es eben drauf passte. Aufgeklebt ebenfalls die Hoteladressen und –telefonnummern. Jedes Blatt war eingeschweißt und konnte nach Gebrauch entsorgt werden.

Im Netbook war abload aufgespielt, WebMail und ein Motorradforum.

Nicht vergessen durfte ich die Ladekabel, die Kamera, das Rentnerhandy, den Microadapter und weiteren Kleinkram.

Regenhose, –jacke und Gamaschen rein in die beiden Tanktaschen.

Das brachte weiteres Gewicht nach vorn und war im Bedarfsfall schnell heraus zu holen.

Etwas eher Merkwürdiges und Unerwartetes vorweg. Ich ließ jeden Abend die Tanktaschen, den Tankrucksack und natürlich die Sprit- und Ölkanister am Moped. Bisweilen auch den Wäschesack auf dem Gepäckträger. Nicht immer stand die Estrella in einer Hotel eigenen Tiefgarage. An einigen Tagen auf frei zugänglichen Parkplätzen, in Pau auf dem Hinweg sogar in einer öffentlichen Tiefgarage unter dem Markt vor dem Hotel.

In den 19 Tagen ist nicht ein kleines Teil weggekommen, auch nicht meine Chrominstrumente am Lenker, die man lediglich hätte abschrauben müssen.

Genau an diesem Wochenende trafen sich einige Motorradforenteilnehmer aus dem Bereich Aachen und Eifel in einem Gasthof/Restaurant eines Forenmitgliedes draußen im „Outback" der Eifel an einem Stausee.

Wäre also eine gute Idee gewesen, diese dort am Samstag zu treffen und am Sonntag dann weiter nach Verdun zu fahren.

Als ich allerdings sah, dass dieser für eine Einzelperson im Doppelzimmer bereits 69 € ohne Frühstück haben wollte, verglich ich diesen „Freundschaftspreis" mit meinen gebuchten Zimmern in Frankreich und Spanien.

Hier hatte ich trotz der Hochsaison immer ein Doppelzimmer in Einzelnutzung zu recht angemessenen Preisen. Immerhin ging es dabei hoch bis zu 4 ****.

Dieser „Geiz" von mir führte zu diversen Bemerkungen in einem Motorradforum. Es ist ja nun so, dass in manchen Branchen auch schon untere Chargen bereits über ordentliche Reisespesen verfügen. Ich aber war gewohnt, bei Klassenfahrten oder Fortbildungen noch Geld mitbringen zu müssen für den „Luxus" einer Jugendherbergsunterbringung und –beköstigung.

Da schaut man auch privat eher auf ein angemessenes Preis-Leistungsverhältnis.

Also fuhr ich am 10. AUGUST lieber direkt durch bis Altenkirchen (Pfalz) bei Kusel zu meinem Cousin und seiner Frau.

Eigentlich war dies zuerst nur für den Rückweg abgesprochen worden, denn unsere kinderlose Tante dort hätte am 28. August ihren 87. Geburtstag gehabt.

Leider war sie kurz vorher verstorben. Immerhin hatte sie das Glück, dass sich mein Cousin und seine Frau bis dahin um sie gekümmert hatten.

So also gegen Mittag ab auf die Bahn. Samstag, Urlaubswechsel, Kölner Ring. Bereits an der BAB-Raststätte Röttgen machte ich Kaffeepause. Drei Stunden „zähfließender Verkehr" gehen aufs Gemüt. Natürlich qualmte ich noch einige Zigarillos wie immer in den letzten 50 Jahren seit März 1963 (und bis zum September 2013).

Abends war ich dann in Altenkirchen und stolz wie Oskar, dass die Maschine und der alte Knabe offenbar alles locker weggesteckt hatten.

Man sieht es wohl auch auf dem Foto vom ersten Fahrtag. Auf diesem und auf dem Titelfoto sieht man auch meine Kleidung für diese Tour.

Ich hatte lange geschwankt zwischen dem eher steifem und schweren Leder von Erbo und Krawehl und dem Rukka-Textilanzug.

Alles zu schwer, zu warm und zu unbequem. Es wurde schließlich eine Kevlar-Jeans von Vanucci, billige, leichte und kurze Probiker „Stiefel" und dazu meine alte Tuareg Sommerjacke von Gericke. Natürlich 3 Paar Handschuhe dabei (denke vorher an Regen!) und Regenjacke und –hose (auch diese wirtschaftlich gesehen bereits „abgeschrieben").

Bei der weiteren Kleidung hatte ich Wert gelegt auf geringes Gewicht und unkomplizierte Pflege. Funktionswäsche und -polohemden sind schon eine feine Sache. Dazu „Rei in der Tube", eine Campingleine, bei der man keine Klammern benötigt und Campingklappbügel.

Gute Tipps für *Reisen mit wenig Gepäck* (welch ein

Hohn bei <u>den</u> Koffern) sind weiterhin Papierunter-
hosen von „DM". Zerschlissene Unterwäsche sammeln, auf Reisen mitnehmen und abends jeweils
entsorgen klappt auch. Man ist täglich frisch und
sauber angezogen und das Gepäck wird täglich
weniger.

*Wer natürlich unterwegs wieder alles mit
Andenkenramsch auffüllt, kommt schwerer
bepackt wieder zurück.*

Jedenfalls kam ich mit dem gewählten Kleidungs-
sortiment klar. Ich fuhr so insgesamt 5570 km in 18
Fahrtagen und hatte einen Ruhetag in Santiago.

Ich musste nicht ein vorgebuchtes Hotel stornieren
wegen Moped Pannen, Unfällen oder eigener Er-
schöpfung. Das Wetter war überwiegend sonnig
und trocken. Allerdings mit Temperaturschwan-
kungen zwischen 8 und 39 Grad Celsius.
Zwei Mal hatte ich die Regenpellen vormittags über-
gezogen. War eher gegen die kalten Nebel gewesen.
Andere Frühnebel ließ ich halt einwirken und
wartete darauf, dass der Fahrtwind und die Sonne
wieder Jacke und Hose trockneten.

Norbert und Evi kochen beide leidenschaftlich

gern und sehr gut. Der Einfluss von Pfalz,

Saarland und Frankreich macht sich bemerkbar.

Zudem war Norbert viele Jahre bei Carlsberg im

Marketing tätig. Das prägt die Vorlieben. Ich

konnte so von ihrer großen Gastfreundschaft

auf der Hin- und Rückfahrt profitieren.

Für den zweiten Tag **(SONNTAG, 11. AUGUST)**
war als Ziel Verdun angesagt. Verdun, die Stadt, die
als belagerte „Festung" zu trauriger Berühmtheit
kam wie später nur vergleichbar Stalingrad.
Speziell von Februar bis Dezember 1916 wurde da

eine Generation junger Franzosen und junger
Deutscher als Kanonenfutter verheizt. Allein die
„Höhe 127" soll etwa 100 Mal den „Besitzer"
gewechselt haben. Auf einen Quadratmeter sollen
da unglaubliche 5000 Tote gekommen sein. –

Welch ein Irrsinn.

Denkmal für die 5 Waffengattungen der
Franzosen, die Verdun verteidigten.
Ich hatte den Film „Im Westen nichts Neues"
mehrfach gesehen. Ich hatte mich viel mit

meinem Vater über sein erlebtes Grauen an der

Eismeerfront in Karelien unterhalten, über

seinen Einsatz in Bosnien.

Mein Schwiegervater war bis 1944 in Russland,

danach bei der „Ardennenoffensive" und er

überlebte die „Freiluftgefangenlager" der

Amerikaner auf den Rheinwiesen.

Auf französischer Seite gelang es 1916 schließlich

Marschall Petain, die Front zu halten. Er wurde zum

„Helden von Verdun" und später auch Präsident der

Republik. Die folgende Gedenktafel beschreibt,

dass die Stadt Verdun in 10 Monaten zerstört wurde

und dass man sie in 10 Jahren (von 1919 bis 1929)

wieder aufgebaut hatte. Auf der Gedenktafel durfte

der „Marechal" noch erscheinen.

Als er 1940 nach dem „Blitzkrieg"-Erfolg der
deutschen Truppen dem unsinnigen erneuten
gegenseitigem „Abschlachten" ein Ende bereitete,
wurde er plötzlich zum „Verräter" und schließlich
1945 durch ein französisches Gericht zum Tode
verurteilt. Eigentlich wollte er ja nur Frankreich
ohne weiteres Unheil durch diese Zeit manövrieren
und danach die Präsidentschaft an de Gaulle weiter
geben. Aber er war wohl zu sehr das Symbol für die
französische „Collaboration", für die man sich ja so
schämte, da sie so umfassend war.
Die große Mehrheit hatte ja versucht, irgendwie

durch diese Zeiten zu kommen, aber nach dem Fall der Besatzer waren plötzlich etwa 102 % der Franzosen in der „Resistance" gewesen.

Als Petain am 28. April 1944 im besetzten Paris zu seinem Volk sprach, da feierten ihn ca. 2 Millionen Franzosen begeistert.

De Gaulle hatte zwar wenig mit dem Erfolg der Invasion und der „Befreiung von Paris" zu tun gehabt, als „Symbolfigur" durfte er aber am 26. August 1944 vor ebenfalls 2 Millionen begeisterter Franzosen in Paris reden.

Waren dies die gleichen 2 Millionen Personen wie im April?

Waren dies nur die, die immer dahin gehen?

Lag die Schnittmenge des „Aprilereignisses" und des „Augustjubels" bei über 90 %?

Jedenfalls bedankte sich de Gaulle in seiner Rede als Erstes bei den „Gendarmen", die erst am letzten Tag des Kampfes wieder auf die Seite der französischen Befreiungsbewegung um geschwenkt waren.

Die Befreiungsbewegung war eher pikiert von de Gaulles Reihenfolge des Lobes und Dankes.

Und noch im April 1945 wurde Berlin beim Angriff der Russen voller Kampfesmut und Verzweiflung fast nur noch verteidigt von fanatisierten Hitlerjungen und einer französischen SS-Brigade.

Das Leben und die Geschichte sind halt nicht nur Schwarz–Weiß oder Gut und Böse.
Menschen aller Nationen und Sozialisationsformen sind eben nicht nur durchweg mutig, gut, edel und großzügig, sondern häufig auch faul, träge, feige, höchst anpassungsfähig, neidisch und gierig.

Sprung 40 Jahre weiter: am 22. September 1984 kam es bei der gemeinsamen „Verdunfeier" zum berühmten „Händchenhalten" zwischen dem französischen Präsidenten Mitterand und dem deutschen Bundeskanzler Kohl.
(Vergleichbar mit Brandts Kniefall 1972 in Warschau.)

Dies hinderte Mitterand allerdings nicht, 1990 im Zuge der (möglichen) Wiedervereinigung hinten herum dagegen zu arbeiten. Erst Kohls Zusage zu einem geeinten Europa <u>mit gemeinsamen Euro</u> bewegte ihn dann zu seiner Zustimmung.
In Frankreich wird es 1993 heißen,

„mit den Maastricht-Verträgen haben wir die Deutschen deutlich mehr im Griff als mit dem Versailler Vertrag".

Mit diesen Gedanken saß ich in der Sonne an der Maas und genoss das französische „savoir vivre".

Allerdings überall rings um, wie auch in den nächsten Tagen, nur Straßennamen von Generälen und anderen „Schlächtern".

Den Besuch der Schlachtfelder und des Knochenhauses sparte ich mir deshalb konsequent.

Waren doch trotz aller Denkmäler und pompösen „Gedenkveranstaltungen" nicht ständig neue Kriege oder „kriegsähnliche Handlungen" im Gange?

Und wenn der „shareholders value" der Waffenindustrie durch irgendeinen (doch meist nur vorübergehenden) Friedensschluss in einer Region gefährdet ist, dann werden im Namen von Demokratiebewegungen" eben neue Unruhen geschürt.

Das Umschlagen des „Arabischen Frühlings" in Bürgerkriege in der gesamten Region zeigt das Scheitern dieser Politik auf. Oder ist es doch ein Erfolg? Nur für wen?

Kaum zurück von meiner Fahrt wurde dann ja auch auf dem Maidan auf eher undemokratische Weise durch den Druck der Straße eine gewählte – „aber leider nicht Nato geneigte" – Regierung aus dem Amt vertrieben. Jetzt soll also Russland Schuld an allem Schlamassel sein und wird auch noch durch perfide Ölpreispolitik und diverse „Strafmaßnahmen" in den Ruin getrieben.

Hatte auch ich nicht in den letzten Jahren genug schwere Zeiten erlebt, aber immer überstanden?

Schau nach vorne, setz dir neue Ziele, lebe.

Schon dieser zweite Tag meiner Fahrt führte zu einer weitreichenden Veränderung in meinen Einstellungen.

Nach der Übernachtung im Hotel Colombes (Zustand sehr französisch), aber mit zwei Räumen und gratis Tiefgaragenplatz am

MONTAG (12. AUGUST)

dann Richtung Orleans auf die Autobahn. Das Wetter war bisher trocken, aber oft nur mit 13 bis 17 Grad nicht unbedingt „Sommerkleidung geeignet".

Dafür lief die Estrella „wie Teufel".

„Meine Kawasaki läuft 110, Schwupp, die Wupp,
die Polizei darf es ruhig sehen. Ich gebe Gas,
ich gebe Gas, ich will Spaß, ich will Spaß."

Das war nicht das einzige Lied, das ich an all den Tagen in der reinen oder verballhornten Form in den Helm grölte.

Fakt allerdings, dass selbst optisch kaum wahrnehmbare Steigungen bei all den Gepäckbremsen (an den ersten Tagen) dazu führten, dass es bergauf teilweise nur mit 70 kmh im 4. Gang lief.

Auf längeren Gefällstrecken waren auch schon mal 122 kmh im 5. Gang laut Navi möglich.

Später lief die Estrella freier und schneller.

(127 laut Navi und 145 laut Tacho.) Da hatte ich ihr dann statt versehentlicher Biospritbetankung zwei Mal Super Plus gegönnt.

Zudem war sie dann wohl endlich eingefahren nach den vielen Jahren ausschließlichen Kurzstreckenverkehrs. Bei der Inspektion nach der Rückkehr stellte sich auch heraus, dass der Luftfilter angeflämmt war. Hatte der Motor so bessere Verbrennungsbedingungen bekommen?

Der Spritverbrauch für den „Lastensegler" lag auch höher, als noch zu Hause. Da hatte ich nur 3,7 Liter auf 100 km gebraucht. Hier waren es über die 5570 km Vollgasfahrt 4,51 Liter im Gesamtschnitt.

So bei 220 km musste ich immer schon tanken.

Jedenfalls kam bei diesen enormen Geschwindig-
keiten der Führerschein kaum in Gefahr und teure
Knöllchen waren auch weitgehend ausgeschlos-
sen.

Ich sah vieles von der Landschaft und verglich dies
mit dem Fahrradfahren auf dieser Strecke.

Da hätte ich sicherlich weniger gesehen. Es kamen
nämlich doch noch so einige heftige Steigungen,
bei denen ich in den Pyrenäen und später in
Galizien sehr erschöpfte Radfahrer sah. Der
Schweiß lief da nur so in die Augen und die
Lungen hätten zumindest bei mir nur noch gepfiffen
und gerasselt.

Alle Hochachtung vor deren Leistung und der der Fußgänger!

Meine Sitzposition war ja aufrecht, das Moped lief
wie alleine auch um Kurven mit vollem Gepäck.

Irgendwie waren die gesamten Fahrzeiten wie in
Trance. Keinerlei Verspannungen im Körper oder
der Sitzfläche, keinerlei Ängste, irgendeine Kehre

nicht anständig zu fahren.

Mich überforderten weder Leistung, noch Gewicht oder irgendwelche Fahrwerkswackeleien. Und der Sattel von Niklas Lange war einfach eine Wohltat.

Von Orleans sah ich leider wenig – auch nicht die berühmte Jungfrau.

Der Fahrtag war lang und das gute „Comfort Hotel" lag nicht im Stadtzentrum, hatte aber einen um-zäunten Hof, eine nette Terrasse, auf der ich mich bemühte, die WLan-Verbindung stabil zu halten.

Das Abendbüffet war super und auch das Früh-stück. Hier sah ich nachts noch aus dem Fenster auf meine Maschine direkt unter dem Fenster und nach dem Gepäck.

Es war aber alles nicht notwendig, wie ich schon schrieb. Nichts kam weg, dabei hatte ich nicht ein-mal einen Pilgeraufkleber irgendwo am Moped. Dieser war nämlich erst mit der Post nachmittags an meinem Abfahrttag gekommen.

Aber irgendwie schwebte immer ein Schutzengel über mir, der sich noch seine Flügel verdienen musste.

(Aus einem meiner Lieblingsfilme: „Ist das Leben nicht wunderschön?" mit James Stewart.)

Die Temperaturen waren nun auch sommerlich geworden.

Am **DIENSTAG (13. AUGUST)** ging es weiter Richtung Angouleme und da zum Hotel Epi d`Or, 66 <u>Boulevard</u> Rene Chabasse. Boulevard, was für ein Klang, welche wundervolle Vorerwartung.
Das Haus war in Ordnung und seinen Preis wert.
Die Estrella stand sicher auf dem verschlossenen Hof hinter dem Hotel.
Der Boulevard erinnerte allerdings eher an Honeckers „Verfallkünste". Ist aber in Südfrankreich und Italien bisweilen so Standard.
Da hier bereits 35 Grad Hitze waren, wusch ich eben ein paar Wäscheteile und hing diese auf dem Balkon! zum Trocknen auf und wanderte danach zur etwa 700 Meter entfernten Innenstadt. Bei meiner Rückkehr am späten Abend war alles trocken, die dicken Motorradsocken morgens.
Ich sah so einiges, kaufte eine Pinzette, um die

Fotokarte in das Netbook umstecken zu können (Kabel hatte ich vergessen) und lebte – wie auf der gesamten Tour eher wie „Gott in Frankreich".
Gut, dass Santiago nicht über England oder andere „Feinschmeckerländer" erreichbar ist.

Ach, ja, bis jetzt hatte ich hier noch nichts über die gegenseitige Verständigung geschrieben.

1977 hatte uns auf dem Weg nach Spanien der französische Patron noch abgewimmelt, als meine Söhne plötzlich Deutsch mit der Mutter sprachen. Das sei ein Versehen mit der Zimmer-zusage, es sei alles belegt, da gleich ein ganzer Bus käme.

Da standen wir nun mit den Kindern, fanden aber 100 km weiter doch noch ein Zimmer mit zwei Doppelbetten.

<u>Während meiner gesamten Fahrt im August 2013 konnte ich nun aber ausschließlich gute bis sehr gute Erfahrungen machen.</u>

Die eine Ausnahme war in einem Restaurant an der Biskaya, die zweite war am Schluss in den Südvogesen.

Ob in Frankreich oder in Spanien, das überwiegend junge Hotelpersonal überfiel mich sofort mit flüssigem Englisch. Englisch, früher undenkbar in Frankreich und nun wurde ich bisweilen sogar auf Deutsch bedient. Manchmal wies ich doch schon mal darauf hin, dass ich gerne Französisch respektive Spanisch sprechen würde.
(Wofür sonst vorher die Quälerei?)
In den Lokalen oder in Geschäften war es aber schon besser, ein paar Brocken der Sprache parat zu haben. Wie bei uns halt häufig eher 450 €-Kräfte – sprich Aushilfen ohne spezielle Ausbildung.

Jedenfalls saß ich in Angouleme draußen zum Abendessen, genoss dazu den Wein und da kam mir beim Anblick einer knackigen Kellnerin das Musical „Oh, Kalkutta" und der dazu passende Witz in den Sinn.

Der Titel ist ja eine Verballhornung von „Oh,

quel cul as tu!"

Was nichts anderes heißt als: *Oh, was hast du für einen Hintern!*

Wenn also ein (alter) Mann einem (jungen) Mädel – hier der Kellnerin – auf „Denselbigen" blickt und diese das bemerkt, dann dürften beide den gleichen Gedanken haben, allerdings mit unterschiedlicher Bedeutung.

„Oh, quel cul!"   -   „Was für ein Arsch!"

Am **MITTWOCH (14. AUGUST)** ging es dann über Landstraßen weiter Richtung Pau. Dorthin kam ich auch auf dem Rückweg, allerdings in ein anderes Hotel. Von Tag zu Tag wurde alles besser. Langsam wichen die düsteren Gedanken von Verdun.

Motorrad fahren, fast schon rauschhaft, Sonne auf dem Rücken und viele Glückshormone.

Nichts tat mehr weh, keine Gelenke, keine Arthroseschulter. Die Kilometer riss ich mittlerweile auf einer Backe ab. Mir ging es gut wie 1000 Säuen. (Auerbachs Keller.)

Sonne, Glück und sinnvolle Beschäftigung (z.B. Arbeit) lindern halt fast alle Schmerzen und heilen auch seelische Wunden.

Die Estrella lief immer besser. Nur wenn ich einen neuen persönlichen „Geschwindigkeitsrekord" mit meinem Moped erreichen wollte (es ging da so um ein oder zwei Kilometer schneller als am Vortag, halt wie 1963 mit der Kreidler 3-Gang von 1958: „lieber tot, als den Schwung verlieren" so bei 65 bis zu rasanten 68 kmh – langliegend), dann hüpfte mir leider wieder ein weißes Auto dazwischen, wenn ich die Estrella gerade im Überdrehmodus" hatte.
Die „Weißen" Immer schön nach dem Motto: Überholen, einscheren und dann langsamer werden als vor dem Überholen. Ist „Weiß" mittlerweile die Farbe für Vollpfosten? kam mir dabei in den Sinn. Saßen da alles nur „Kevins" oder „Schangtalls" drin? Hat da keiner Verständnis für mein nostalgisches „Rennfieber"?
Zum Ausgleich hatte ich „Himmel pur" wie auf dem Bild zu sehen.

Ich liebe „Himmelbilder" mit Sommerwölkchen. Liegt vielleicht auch an einem harmlosen August-erlebnis mit ziehenden Wolken über mir in den 70er Jahren auf dem Motorradtreffen des MC Heede-Hemsloh bei Diepholz. (Hallo, Renate, gibt es dich noch? Es war ein schöner Nachmittag damals.)

Der Himmel über der Landstraße hinter Angouleme...

Auf dem Rückweg auf dem Jura waren es dann eher schon Herbsthimmelpanoramen.

Unterwegs trank ich noch einen Kaffee in einem Rasthaus, das irgendwie noch nicht so richtig an die Straße angeschlossen war. Aber mit dem kleinen Moped kam ich da bis zur Terrasse durch und hatte eine sehr angenehme Unterhaltung mit einem 63jährigem LKW-Fahrer, der in der Nähe von Santiago wohnte. Er hatte in den letzten Jahrzehnten so ziemlich ganz West- und Mitteleuropa befahren. Unsere Unterhaltung verlief weitgehend auf Französisch mit wenigen Teilen Spanisch. Begegnungen im Ausland verlaufen halt meistens so, wie man in den Wald hineinruft.

Die Innenstadt von Pau war sehr schön. Das Logis Hotel Le Bourbon liegt direkt am Place George Clemenceau. Meine Estrella stellte ich für 4,80 € in die öffentliche Tiefgarage direkt vor dem Hotel – mit Teilen des Gepäcks, wie schon beschrieben.

Es wurde mein „belgischer Tag".
Zuerst erkundete ich die Innenstadt zu Fuß, um dann nahe des Schlosses von Heinrich IV. (wie meistens draußen) gut zu Essen.

Das Menü war superb, das Gläschen Medoc eben-falls. Neben mir ein nettes Paar aus Belgien, mit dem ich mich angeregt auf Deutsch unterhalten konnte.

Auch hier keine Ressentiments mehr, wie noch vor Jahren (1976) in Brüssel und (1997) in Canada deutlich erlebt.

Zurück zum Hotel. Dort stand eine wunderschöne ältere Guzzi California von 1996 vor dem Hotel. Mit den belgischen Besitzern konnte ich mich morgens vor der Abfahrt noch unterhalten, diesmal aller-dings nur auf Französisch.

Da aller guten Dinge deren drei sind, traf ich beim Absacker abends in der Straßenbar am Markt (sehr praktisch nur 100 Meter vom Hotel entfernt – der kluge Mann baut vor) einen jungen belgischen Handelsreisenden.

(Wer reitet so spät durch Nacht und Gewitter, es ist der Max, der trinkt sich noch nen Liter. – frei nach „Erlkönig" im Gedenken an Harald Juhnke).

Er sprach Deutsch und wohnte in Belgien wohl in einem Haus, in dem Hitler als Meldegänger gewohnt haben soll. Ich fragte nicht weiter nach seiner Motivation für diesen Wohnsitz (könnte ja auch Zufall sein) und vermied politische Diskussionen. Dazu war meine persönliche Situation zu entspannt und zu wenig auf Krawall gebürstet.

Irgendwie mussten wir bei der Hitze noch etwas gegen die drohende Dehydrierung tun. Beim Bier fragte mich der Knabe, wie alt ich denn sei.
Und da ich dies nicht verraten wollte, schätzte er mich auf 79. (...7, 8, 9, aus !)
Die anstrengenden Fahrtage, die Dehydrierung, die spontane Wiederauffüllung müssen wohl zu dieser Einschätzung als „Gesichtsältestem" vor Ort geführt haben.
Ansonsten tröstete ich mich damit, dass junge Menschen das Alter von „reiferen" Menschen meist heftig überschätzen.
Zudem wurde ich während der Fahrt mehrfach als Engländer eingestuft.

(Bei anderen Gelegenheiten auch schon mal als Spanier, Franzose, Grieche oder Türke. Na und. Für mich kann jeder Mensch, jeglicher Herkunft, Rasse, Religion oder Hautfarbe ein angenehmer Gesprächspartner oder „Gegenüber" sein. Was ich nicht mag, sind fanatisierte Dummbatzen/Prolls – auch aus Deutschland.)

Nach dem Frühstück am **DONNERSTAG (15. AUGUST)** die ersten Koffer runter in die Tiefgarage unter dem Markt getragen. Große Zweifel im Herzen.
Steht meine Estrella noch da unten und wieviel davon befindet sich noch an der Maschine oder auf der Maschine?

Alles da – es fehlte wirklich nicht ein Fitzelchen.

Der weitere Tag war der Tag der falschen Entscheidungen bzw. der eher weniger guten Eindrücke.
Seit Tagen hatten mich Forenteilnehmer daran erinnert, dass es in den Pyrenäen a...kalt sein kann – vor allem auf dem Moped. Auch meine Alpenerfahrungen waren ähnlich.

Unten über 30 Grad und in höheren Lagen kaum 15 oder deutlich weniger. Ich hatte auch schon im Juli den Schneepflug vor mir.

Also zog ich unter meinen „Sommerdress" noch lange Odlo-Funktionsunterwäsche. Um den Hals mein Vlies – Badehandtuch, welches immer gut als Halstuch diente. Die Vanucci Windbreaker Unterjacke hatte ich Gott sei Dank im Koffer gelassen.

Nicht einmal fiel die Temperatur in den Bergen unter 20 Grad an diesem Tag und in Pamplona waren es bereits 32 Grad. Meine Trinkflaschen-Konstruktion war ja nun zum Flop geworden und taugte nichts.
Es war mir heiß, ich hatte Durst, in Pamplona führte mich das Navi wegen schlechter Vorplanung (falsche Wegpunktreihenfolge?) mehrfach im Kreis herum. Irgendwie raus aus der Stadt ohne Einkehr Richtung Estella (wie Estrella) und weiter zu meinem nächsten Übernachtungsort, dem Hotel Villa de los Arcos.

In Estella wollte ich eh ein Foto machen und mir von dort schon mal das bekannte Bier „Estrella" aus Galizien besorgen.

Es sollte sehr, sehr nötig werden. Etwa 20 Kilometer vor Estella hatte ich einen „Sekundenschlaf" auf dem Motorrad.

Die Müdigkeit war heftig und erschreckend.
Nichts zu trinken dabei.
Bis Estella sang, nein grölte ich in meinen Helm und schrie mich immer wieder an: „Wach bleiben!"

Im Ort einmal hoch und wieder runter und schließlich eine „Pinte" gefunden, vor der ich direkt parken konnte. Ist ja heutzutage extrem schwierig geworden in allen „modernen" Ländern mit „Fußgängerzonen". Hier beim Bruder Diego trank ich erst mal einen großen Pott Kaffee.
Ich rauchte ein paar Zigarillos, lief hin und her.
Natürlich vergaß ich nicht, drei kleine Fläschchen Estrella Bockbier mit 7,2 % „Bleigehalt" je 0,25 Liter für den Abend in Los Arcos mit zu nehmen.

Im Örtchen Estella beim Bruder Diego nach

meinem „Sekundenschlaf".

Nach der ausgiebigen Pause konnte ich den Rest des Weges bis Los Arcos einigermaßen fahren. Die „Villa" war eine Rastanlage mit Tankstelle und Geschäft. Irgendwie vergleichbar mit den „Road-houses" oder „Generalstores" oder „Motels" in Amerika oder Australien. Von allem ein Stück. Aber sehr sauber.

"We have all you need, we don`t have,

you don`t need".

Rings um die Anlage diverse Straßen und die Autobahn. Bis Los Arcos so 2 oder 3 Kilometer. Wirklich im NeverNever oder in der Pampa. Allerdings hatte ich nach diesem Tag keinerlei Lust auf weitere Aktivitäten im Ort oder so außer Essen und Trinken und das gab es hier auch.

Auf der Terrasse natürlich. Und später in der Bar".

Ich wurde gut betreut und musste das Motorrad zwei Mal um parken, bis es genau richtig im Blickfeld des Nachtportiers/Tankwartes stand.

Das tat alles meiner Seele sehr gut, zumal ich an diesem Tage erstmals auf der Tour schlechte Erfahrungen mit Raststätten unterwegs gemacht hatte.

Alle Raststätten und Restaurants auf dem Hin- und Rückweg hatten einen deutlich besseren Eindruck hinterlassen, als so manche Lokalität in Deutschland.

Nur an diesem Tage hatte ich zwei Mal (einmal im französischen Baskenland und das zweite Mal im spanischen Baskenland) wirklich keinen Bock, in den entsprechenden Etablissements etwas zu

essen, oder zu trinken. Ich war dort sogar un-
verrichtet wieder aus der Toilette gegangen. So kam
dann auch prompt später der Sekundenschlaf
durch die absolute Dehydrierung zustande.

Meine Nacht in Los Arcos verlief eher heiter mit
diversen Krämpfen in den Beinen und heftigen
Träumen.

FREITAG (16. AUGUST), Tagesziel ist das
Eurostars Leon. Nach den Erfahrungen am
Donnerstag nun ganz „sommerlich" gefahren:
Slip, Jeans, Polohemd, Tuaregjacke. Schal weg, alle
Reißverschlüsse auf, schließlich auch den Nieren-
gurt in den Koffer gepackt, Jacke auf und alle
50 km Pause mit Kaffee und Qualmstängel. Einmal
unterwegs 2 gute Baquettes plus Kaffee für 4,80 €
bekommen.
Die Estrella hatte nunmehr 2216 km in 7 Tagen
absolviert und ich selber war froh, alles ausgehal-
ten zu haben. Die Estrella lief und lief und lief (wie
in der VW-Werbung der 50er/60er Jahre) und ich
brauchte kein Königreich für ein Pferd auszuloben.

Meinen großen Respekt für die Wanderer und Radfahrer unterwegs, die mindestens ab der Grenze zu Frankreich los gegangen waren. Der Camino lief heute oft direkt neben der Straße oder in Sichtweite. Alles in der prallen Sonne, viele lange Steigungen. Viele Trinkpausen und viel Schweiß.

Ich denke da besonders an eine kilometerlange Steigung, auf der 2 LKW gerade mal mit 30 kmh hochkamen. Dahinter gut 20 PKW ohne Überholmöglichkeiten. Ich schaffte es mit der Estrella trotzdem im „Sprungverfahren" in die nächste Lücke – Auto für Auto. Nach der Steigung liefen beide LKW wieder 100 kmh, aber ich fuhr <u>vor ihnen</u> und hatte gut 20 km lang hinter mir Ruhe.

Das Hotel war eigentlich Spitze mit 4**** und lag recht zentral im Ort. Das Zimmer war sehr schön. Die Estrella stand kostenfrei und sicher in der Hotel eigenen Tiefgarage. Es hatte aber weder Restaurant noch Bar.

Leider fand ich abends trotz des groben Innenstadt-planes, den man immer so in den Hotels bekommt, auch die Kathedrale nicht.

Es blieb bei einem anständigen Essen vor einem Innenstadtrestaurant und beim Besuch des Geld-automaten.

(Gut, dass ich mittlerweile mein Samsung S III neo habe. So kann ich mir künftig in fremden Städten per Navi-App blöde Umwege ersparen.)

Zurück vom Essen konnte ich direkt gegenüber des Hotels noch ein Bier vor einem Straßencafe trinken.

Noch mal ein Rückblick auf das Fahren und das Fahren mit Navi:

Fahren auf der Autobahn oder Überlandstraßen mit dem Motorrad ist weder in Frankreich noch in Spanien so schlimm wie in Deutschland.

Weniger Verkehr (vergessen wir mal die Rückfahrt im Rhonetal), entspannte Fahrweise und vor allem freie Sicht auf die Landschaft. Nicht alles so zuge-baut durch Wälle oder Lärmschutzwände.

Man fühlt sich selbst auf Autobahnen wie hier auf

luftigen Bundesstraßen, halt nur ohne Ampeln.

Das Fahren mit der Estrella (besonders mit all dem Gepäck) bedeutete für mich das äußerste Minimum an sozialverträglicher Teilnahme am Straßenverkehr – aber nur wenn man sie ständig mit Vollgas quälte. Trotzdem kam man unter den „ruhigeren" Bedingungen in Frankreich und Spanien gut klar.

(Den empfohlenen Umstieg auf eine „Sommer Diesel" mit gerade einmal 11 PS, wie vom „Töff" favorisiert, kann ich aber nicht mehr nachvollziehen. „Entschleunigung ja, aber keine Schneckenparade".)

Das Fahren mit dem Navi war dagegen eher lustig, wenn man es denn mit Humor nahm und nicht mit Verärgerung.
Die Ansagen irgendwie in verkehrtem Deutsch, die Zielangaben für den Ar.. . Was nützt mir die Angabe „… in Richt…. Rue Roberto Blanco.." oder so?
Wie in Deutschland stehen auch in Frankreich und in Spanien nur noch selten Straßennamen an jeder

Ecke oder dazwischen.

In den vielen Kreisverkehren wurden meist bis zu 4 Orte angegeben.

Den Unscheinbarsten und Unbedeutendsten davon quatschte mir dann die Tante von Garmin ins Ohr. Bekanntere Orte der Hauptrichtung wurden dagegen nicht erwähnt.

Manchmal führte mich das Navi eine Ausfahrt raus und im gleichen Zug wieder auf die Bahn. Gut, dass ich die Richtung im Kopf hatte und so einige Male auf unsinnige Anweisungen nicht reagierte.

SAMSTAG (17. AUGUST), das Frühstücksbüfett in Leon war super. Ich schlug bei Eiern, Würstchen, Schinken, Honig etc. richtig zu. Das war seinen Preis Wert. An manchen Tagen gab es ja kaum mehr als nur Croissants und Kaffee.
An anderen Tagen jede Menge Auswahl für Körnerfresser, Vegetarier und Diäthysteriker.
Nichts für einen Menschen, der täglich seine „6000-Kalorien-Diät" futtert. (Sind wohl eher 1600.)
Meist gab es unterwegs aber doch anständigen Schinken oder Ähnliches um satt zu werden.

Natürlich war mein Moped wieder vollständig vorhanden. In all den Jahrzehnten mit dem Motorrad auf Reisen konnte ich speziell in Unterkünften, die sich nicht explizit als „Bikerhotel" anpriesen, nur die allerbesten Erfahrungen sammeln. Schon in den 70ern wurden meine Maschinen stets gut untergebracht und sei es in der „Schlachtestube". 1979 sorgte ein kräftiger Rottweiler im Gasthaus Schex in Oberbayern für die absolute Unversehrtheit meiner damaligen Honda „Güllepumpe".

Also los in Richtung Lugo. Heute war wieder nur Sonne pur mit wenigen Wolken. Die echten Pilger nahmen deutlich zu. Lag vielleicht auch daran, dass viele erst ab Ponferrada beginnen. Diese Strecke bis Santiago reicht dann schon für das „Pilgerdiplom".
Auch die Landschaft war deutlich schöner und weniger trocken und dürr geworden.
Von Ponferrada aus fuhr ich dann entgegen dem „Navigesülze" einfach über Land. Ich war ja gut in der Zeit und konnte mir die Schlenker über diverse Nebenstrecken erlauben. Viele Kurven,

Pässe bis 1350 m, Aussichten pur an jeder Ecke.

Viele Storchennester z.B. auf Strommasten.

Die langen Steigungen machten den Pilgern

wieder heftig zu schaffen.

Ich hielt so an einem Restaurant an, das direkt an

der Straße bzw. dem Pilgerweg lag.

Mein Terrassenplatz direkt neben einer Gruppe

fröhlicher und lautstarker „Weiber" teilweise bereits

meines hohen Alters. Diese kamen aus Tirol und

pilgerten jedes Jahr ein Stück weiter.

Damit das alles auch gesundheitsverträglich ablief,

wurde jeweils ein Tag gelaufen und ein Tag Ruhe-

pause eingelegt. Dies war gerade ihr Ruhetag. Das

Gepäck transportierte ein Fahrer mit einem Klein-

bus.

Pilgern muss also nicht nur verbissen und alleine in

Gewaltmärschen ablaufen. (Oder mit Kilometer-

fressen auf der Estrella.)

Ich empfand ihre Heiterkeit und Fröhlichkeit als

sehr angenehm (angenehm katholisch halt von

der gelassenen Seite her).

Andererseits denkt man alleine ohne Abwechslung mehr nach über das, was man zurücklassen will.

In Lugo dann das billigste Hotel meiner Tour, das „Metropol". Der Preishammer für 37 € mit (einfachem) Frühstück und den Tiefgaragenplatz für das Moped wollte man gar nicht erst berechnen.
Das Zimmer war nicht so reichlich groß, wie ich es bisher gewöhnt war, aber schön und alles dran. Doppelbett, Bad auch mit Fön usw., großer Schrank, dazu Fernseher wie bisher immer.

Erstmals keinerlei Probleme mit dem WLan übrigens, denn man drückte mir einfach ein Kabel in die Hand. Die Verbindung war stabil, allerdings musste ich doch erst einmal die Buchse suchen. Die war hinter dem Bett schräg gegenüber dem Schreibtischchen.
Die Lage war genial. Etwa 200 Meter bis zum Stadttor und dahinter lag direkt die Altstadt. Es ging bergauf, heiß war es wieder und das Laufen auf Pflastersteinen ermüdete mich schon immer.
Da war also alles Bestens und dann hatten alle

guten Restaurants erst Öffnungszeiten ab 20 Uhr oder so. Und wann stünde dann das Essen auf meinem Tisch?

Durst ist schlimmer als Heimweh.
Besonders bei über 30 Grad.
Wer das bestreitet, der ist ein elender Heuchler.

Ich hatte die Nase voll vom ewigen Wasser, vom ständigen Kaffee und Cola, Limo oder sonstige Süßgesöffe mag ich einfach nicht.
Aber hätte ich mir jetzt – bei der Dehydrierung – so bis 21 Uhr schon Vino Tinto oder Bier gegönnt –
ich glaube, mein Kopf würde heute noch brummen.
Ich hatte also die Wahl zwischen Dehydrierung und Vollrausch. Oder verhungern und auf nüchternen Magen trinken.

Aber wenn du glaubst, es geht nichts mehr,
dann kommt von irgendwo ein Lichtlein her.

So wie ein einsames Dorf in Gallien den Römern trotzte, so hielt sich das Cafeteria/ Restaurante Antas nicht an die Verabredung, Touristen / Pilger durch länger während Fastenzeiten zu läutern.

Ganztägig geöffnet! Plätze drinnen und draußen.

Draußen auch im Schatten – und das war bitter

nötig. Sah sehr ordentlich aus, trotzdem war ich

skeptisch, ob es sich hier nicht vielleicht um einen

„Billigmeier" mit Qualitätsstandard unterhalb

gewisser „Kotzburger" Buden handelte.

Stand da doch etwas von „Menus al la dias". Also

möglicherweise Anzeichen für Touristenfraß und

Pilgerabzocke???

Christophorus (mein Privatheiliger mit

Gedenktag ebenfalls am 25. Juli) hilf!

Als „ungläubiger Thomas" blätterte ich durch die

Speisekarte und wandelte – vom Saulus zum

Paulus bekehrt – später von hinnen.

Ich nahm das Touristenmenü. Es war sehr des

Preises Wert.

8 Tintenfischringe als Vorspeise mit so einer Art

Zwiebelbrot (aber ohne Zwiebeln?), ein wunder-

bares großes und zartes Rumpsteak zu 400 Gramm

(medium mas) mit leckeren Pommes Frites und

Paprika, dazu eine 0,75 Liter Flasche ordentlicher trockener Weißwein. Zum Abschluss Kaffee und alles für 22 €. Ein kleines Fläschchen Estrella Galizia 0,3 Liter für 1,90 € musste zu Ehren meiner Estrella auch noch sein.

Für diesen Gesamtpreis wird man bei uns in den „Burgertempeln" oder im Wienerwald (gibt es diesen noch?) kaum satt und über Geschmack musste man da kaum streiten.

Natürlich täglich einige Zigarillos der Sorte „Fumar mata" (Rauchen tötet).

Kommen wir später noch drauf.

Der Weg ging wieder bergab (welch göttliche Fügung), als die anderen Restaurants so langsam geöffnet hatten.

*Da braucht es keine Nacht und kein Gewitter,
der Max hat schon seinen Liter.*

War auch gut so, denn die Cafeteria im Hotel Metropol schloss bereits um 20 Uhr. Ansonsten wäre fußläufig nur der „Club" gegenüber geblieben.

Für solche Etablissements hatte ich schon vor Jahrzehnten kein Geld übrig, also ins Zimmer zurück. So konnte ich noch etwas für das Forum schreiben und die nächsten Tage besehen.

Für Sonntag musste ich so einen chinesischen Tag vorgesehen: Um – plan - ung.

Da ich frühestens gegen 15 Uhr im Hotel Miradoiro in Santiago hätte einchecken können, wollte ich direkt durch fahren zum Cabo Fisterre (Ende der Welt) und dort die geplanten 3 Dinge verbrennen um sie hinter mich zu lassen.

So hätte ich dann den ganzen Montag in Santiago, was ja auch das Hauptziel war.

Sonntagabend Waschtag und bis Dienstag dürfte alles wieder trocken sein. Am Dienstag dann über die Biskayaroute wieder zurück.

SONNTAG (18. AUGUST) also ab Lugo Richtung Ziel in Santiago und zum Wendepunkt am Cabo Fisterre.

Woher wusste ich, dass es ungemütlich werden würde?

Morgens um 8 Uhr Abfahrt in Lugo. 11 Grad, tiefliegender Nebel bis kurz vor 11. Jeans und Tuareg Jacke nass, aber durch Imprägnierung nicht durchgeweicht. Hatte auch kein Regenzeug drübergezogen, damit das Zeug gleich wieder durch den Fahrtwind abtrocknen konnte. Nur die Windbreaker drunter gezogen. Durch Santiago durchgekommen trotz absolutem Navi Wahnsinns.

Haben die Spanien nicht ordentlich vermessen, oder spinnt nur das Garmin wieder? Die üblichen GPS-Abweichungen von 15 Metern in Deutschland wuchsen sich hier zu 60 bis 70 Metern Fehleinschätzungen aus. Was dies in der Stadt bei mehreren fast parallelen Straßen bedeuten kann, weiß jeder geübte Tourenfahrer.

Auch außerhalb fand ich mich bisweilen auf Irgendwelchen Feldwegen mit „Sackgassencharakter" wieder.

Ach, ja, mein Lieblingsspruch mit dem galligen Humor eines galizischen Rabbiners …hatte sich irgendwie bewahrheitet. Nicht nur im osteuropäischen Galizien, sondern auch im Nordwesten Spaniens (also auch Galizien) schienen die

„Galegos" einen seltsamen Humor zu haben.

Tagelang wurde ich immer wieder verarscht, wenn ich eine Tankstelle suchte. Am Sonntag bekam ich erst an der 4. Tanke (95er) Sprit.

Davor waren die ausgeschilderten Tankstellen entweder nicht auffindbar oder gerade in Reparatur.

Am Dienstag dann bei 235 km auf Reserve geschaltet, da lange vorher nichts zu finden war.

Getankt schließlich 13,5 Liter bei km 283. Das Tankvolumen der Estrella beträgt 14 Liter. Diese lief ja noch ohne Schieben und ich hatte zudem den 3-Liter-Kanister.

(Trotzdem irgendwie beunruhigend.)

Zurück zum Sonntag. In Santiago nicht getankt, war ja noch halb voll. Danach kam aber nichts mehr mit

Sprit und nichts mit Luft!

Das Navi lotste mich im Motorradmodus über kleinste Bergsträßchen. Einspurig, mal massig Rollsplit und danach eine längere Abfahrt mit 30 % Gefälle runter zum Atlantik.

Eigentlich wunderbar.

Aber ich hatte die ganze Zeit schon das Gefühl

eines sehr schwammigen Fahrverhaltens. Zudem war ja noch alles Gepäck drauf.

Erst in Fisterre (also im wahrsten Sinne am Arsch der Welt) eine Tankstelle. Tanken konnte ich ja noch selber, aber diese komischen Luftgeräte hier überforderten mich immer wieder.

Also hatte der alte Besitzer hinten wieder auf 2,8 erhöht. Vorne kam keinerlei Anzeige. Er fummelte an seinem Gerät herum, meinte, dieses sei in Ordnung.

Bin ich halt zwischendurch auf die Toilette, komme wieder raus: vorne totaler Plattfuß!

Immerhin hatte ich wenigstens <u>ein</u> Ersatzventil dabei.

So etwas nennt man Punktlandung oder „das Glück ist mit die Dummen".

Also auf 2,2 gepumpt und hoch zum Ausguck-felsen. (Siehe auch das Titelbild.)

Da stehe ich nun zufrieden am Wendepunkt der Tour und am Wendepunkt meines Lebens.

Um mich herum alles „fromme Pilger". Busse

weise kamen sie in Horden, machten Fotos und bereicherten die Souvenirläden.

Da soll man zu sich selbst finden. Da blieb nur Meises Spruch:

Wenn ich zurückkomme und bin noch nicht wieder da ...

Alter Pharisäer, bist selbst nur mit dem Motorrad angereist. Lerne endlich etwas mehr Toleranz. Es wird jeder von denen einen Grund haben so anzureisen.

Das Verbrennen der Pilgerkleidung soll wohl am Meer erfolgen. Ende August waren die Macchien-gebüsche runter zum Meer doch sehr trocken geworden.

Wollte ich nur nicht den Hang abbrennen, oder war ich zu faul, wieder hoch zu klettern, zu ängstlich, meine Maschine aus den Augen zu lassen?

Jedenfalls verbrannte ich die 3 dazu bestimmten Teile auf dem Parkplatz.

[Hier eingeben]

Wäre wohl auch eine mächtig stinkende Wolke wie auf der Müllkippe, wenn heutzutage alle „Pilger" dort so ihre verschwitzte Kleidung verbrennen würden.

Ich jedenfalls schaute dabei auf das unendliche Meer. Auf der anderen Seite, also da, wo die Erde als Scheibe eigentlich zu Ende sein sollte – da sollten Indien und China liegen. War aber noch mal eben Nord- und Südamerika dazwischen und ein noch weiterer Ozean dahinter. Ich konnte verstehen, wieso Columbus die Logbücher fälschen musste, damit seine Mannschaft, bestehend aus einfachen Menschen, nicht bemerkte, wie nahe sie doch schon „am Rande der Welt" war. Hier war doch schon das Ende der Welt, der festen Erde, das Cabo Fisterre.

Ich selbst hatte immer Angst vor unbekanntem Gewässer, obwohl ich drei Mal den Rettungs- schwimmer gemacht hatte.

Nach einer Stunde fuhr ich zurück Richtung Santiago. Die vom Atlantik umspülte Landschaft war nun deutlich anziehender und regengrüner als zwischen Estella und Ponferrada. Für die Rückfahrt entlang der Biskaya rechnete ich so mit Regen und eventuell Kälte.

Die Estrella lief wieder wie auf Schienen und schnurrte vor sich hin.

Da ich es für mich persönlich nicht so mit Orden und Ehrenzeichen halte, „adelte" ich nun mein tapferes kleines Motorrad wie Karl May, der den treuen Mekkapilger Hadschi Halef Omar als Begleiter gefunden/erfunden hatte mit dem Ehrentitel

„Hadschi Halef Estrella Santiago".

Die Estrella hatte es sich verdient und hat mich auch auf dem Rückweg nicht einmal im Stich gelassen. Solche Treue und Zuverlässigkeit kann man nicht von sehr vielen Menschen erwarten.
Vielleicht noch von Hunden.
Es wurde doch schon Abend, bis ich im Hotel

Miradoira de Belvis ankam.

Zuerst fuhr ich drei Mal an der Einfahrt vorbei und musste dann mühsam wieder dahin finden, wo das Navi irgend einen Anhalt für die Strecke fand.

Es hatte sich gelohnt. Abgeschlossener Innenhof mit überdachter schöner Terrasse vor der Rezeption. Jedenfalls war da immer mein geruhsamer Qualm- und Meditationsplatz. Auf dieser Terrasse, also nicht einsehbar von außen, durfte auf Terrakottafliesen meine Estrella parken – und natürlich das Moped vom Cheffe.

Schönes Zimmer, Bad mit Fenster (also mal eben Wäsche gewaschen und rauf auf die Leine), absolut ruhige Lage bei etwa 150 Metern zur Innenstadt. Sehr freundliches Personal, das mir mehrere wirklich gute Restaurants nannte. Natürlich mit Öffnungszeiten ab 20.30 Uhr. Nach dem längeren „Schlenker" zum Cabo Fisterre war es eh spät geworden. Die Restaurantempfehlung hatte sich wirklich gelohnt.

Der **MONTAG (19. AUGUST)** wurde dann mein

auschließlicher „Santiagotag" ohne das Motorrad.

Ich war mir nicht ganz sicher, ob dies nun der

Höhepunkt sein würde, oder ob dies der Wende-

punkt der Reise am „Cabo Fisterre" war.

Auf jeden Fall überkam mich nun eine absolute

Ruhe und Gelassenheit.

Ich hatte es geschafft, mein Ziel erreicht und wenn

es denn nun auf dem Abschleppwagen des ADAC

zurückgehen müsste.

Was hatten wir es gut und bequem!

Die überwiegende Zahl der vielen „Pilger" kehrte ab

hier mit dem Auto zurück, dem Reisebus, der Eisen-

bahn oder mit dem Flugzeug. Und selbst meine

Rückfahrt mit der Estrella war doch sehr einfach

gegenüber den Pilgern früher. Die mussten nach 2

bis 3 Monaten Hinweg zu Fuß noch einmal die

gleiche Strecke wieder nach Hause laufen.

Einerseits geht es nach Hause meist irgendwie

besser, aber ich denke, irgendwann war dann doch

die Luft raus.

Tatsächlich gibt es auch heute noch Pilger, die diesen Weg komplett hin und zurück zu Fuß wandern. Dies wäre mein Traum gewesen, aber vieles im Leben scheitert eben an der Realität und der Verantwortung, die man sich selbst auferlegt.

Totale Selbstverwirklichung oder Selbstfindung kann auch etwas „A-Soziales" haben.

Fotografieren mit Blitz verboten!

Ich konnte mich aber nicht beherrschen. Da

hing nun das berühmte Weihrauchfass, das

immer am 25. Juli zum Jakobustag so effektvoll

über die Köpfe der staunenden und bisweilen

auch andächtigen Besucher schwingt. Ich wollte es immer schon schwingen sehen. Sollte halt nicht sein, aber so besteht ein Grund für die Wiederkehr.

Am 25. Juli war ich aber noch zu Hause gewesen. Nun gedachte ich zuerst einmal der fast 100 Pilger, die an diesem 25. Juli 2013 kurz vor Santiago mit der Eisenbahn tödlich verunglückt waren.

Media vita in morte sumus. – Mitten im Leben sind wir des Todes. So schrieb Notker schon um 750 im Fränkischen Reich.
Die „Vanitas", der Vergänglichkeitsgedanke der Barockzeit kam mir in den Sinn und die Gedichte des Gryphius zur Zeit des 30jährigen Krieges.

Ich dagegen umarmte nun die Statue des Jakobus trotz aller Zweifel eines Ex-Katholiken und „Kritischen Rationalisten".

Die Pilgerfahrt hatte ich mir 20 Jahre vorher vorgenommen für die Gesundung meiner beiden Söhne.

Nun entzündete ich – wie jeder andere der vielen Gläubigen, Ungläubigen oder Abergläubigen 10 Kerzen. Die Familie bestand ja auch aus Enkeln, Schwiegertochter, Schwestern….

War vielleicht zu viel verlangt.

Um es vorweg zu sagen, ich glaube, alles hat lediglich mir selbst genutzt, da sich meine eigene Einstellung durch diese Erfahrung geändert hat.

Konnte ja auch nicht klappen, denn da waren keine echten Kerzen in der Kathedrale, sondern Elektrokerzen, die nach Einwurf von je einem € aufleuchteten (und vermutlich nach 5 Minuten wieder ausgingen zwecks Profitmaximierung).

Eine Kerze flackerte sehr schwach. Warum?

Jedenfalls endete später die Partnerschaft eines Sohnes, in der er doch sehr glücklich gewesen war und sich angenommen fühlte.   Schade!

Nun ging es noch zum „Pilgerbüro". Ca. 100 Meter Schlange stehen. Unglaublich, wie viele Menschen doch so etwas „Irrationales" unternehmen. Im Jahr

2010 erhielten 272.135 Menschen solch ein Diplom.
Dafür muss man mindestens 100 km zu Fuß gepil-
gert sein, auf dem Rücken eines Pferdes, oder im
Rollstuhl. 200 km mit dem Fahrrad sind auch in
Ordnung. Dies taten dann 12 % der Pilger.

Ich bekam zwar kostenlos einen Stempel in meinen
„Pilgerpass", aber kein „Pilger-Diplom".
Dafür reichten meine insgesamt 5570 km als „Mann
im besten Alter" mit der Estrella nicht aus.

Nun, ja, ich wusste ja, was ich wollte und
was ich geschafft hatte.
Dieses Stück Papier
war nicht Sinn und Zweck der Reise.

Etwas befremdlich für mich, dass auch innerhalb
des Gebäudes des Pilgerbüros die Schacher und
Händler ihre Geschäfte betrieben.
Um die Kathedrale herum lässt sich dies ja kaum
vermeiden. Fliegende Stände jeder Art und natürlich hatten alle Geschäfte in der Nähe überwiegend
„Devotionalien" oder allgemeinen „Souvenir-

ramsch" zu „angemessenen" Preisen in den Auslagen.

Bettler und „Berufsversehrte" gab es reichlich.

Nach diversen Rundgängen durch die Stadt - zu Fuß natürlich und danach mit 2 Schuhgrößen mehr! – setzte ich mich gegenüber eines ehemaligen Stadttors vor ein Straßenkaffee. Es war gerade die Zeit, in der so der eine oder andere mit vollem Gepäck hier vorbeigehechelt kam. Die Größe der Rucksäcke war zum Teil beachtlich.

Vorher ging es lange stetig bergauf.

Auf dem Bild sieht man eine ganze Familie mit
Rädern auf dem „Camino"…Das kleine Mädchen
hing mit an Papas Rad, der schon etwas
größere Junge fuhr selbst mit dem Rad.

**Eine beachtliche Leistung und sicherlich
ein wunderbares gemeinsames Familien-
erlebnis.**

Auch ich hatte für mich mein Ziel erreicht und
musste jetzt nur noch wieder ohne Probleme nach
Hause kommen. Für den Rückweg über die Biskaya
Route hatte ich mit allen üblen Dingen gerechnet.
Soll ein „Regenloch" sein und die Biskaya-Stürme
sind ja nun auch bekannt und berüchtigt.
Also wartete ich nicht bis zu den Öffnungszeiten
der Speiserestaurants am Abend, sondern beließ
es hier bei Serranoschinken und Käse aus Galizien.

Ich wollte ja früh am Dienstag weiter nach Norden
nach Foz an der Biskaya und dann immer ostwärts
bis Gijon-Oviedo.

DIENSTAG (20. AUGUST)

Meine Befürchtungen mit dem „Regenloch" an der Biskaya trafen nicht zu. In den nächsten Tagen war ich jeweils zum richtigen Zeitpunkt am richtigen Ort. Bestes Spätsommerwetter, strahlender Sonnenschein und Temperaturen bis hoch auf 39 Grad in Bilbao. Das war dann schon zu heftig.

Dagegen hatte sich das mit dem „Sturmeck" bewahrheitet. Ein extrem böiger Wind riss mich an einigen Stellen fast mit dem Moped um.

Auf einer Brücke hatte ich das Gefühl, der Sturm schlüge mir den Lenker aus der Hand. Das war etwa so unangenehm, wie die Fahrtstrecke mit dem platten Vorderreifen.

Zum Ausgleich konnte ich die nächsten zwei Tage grandiose Ausblicke genießen. Die Straße führt dort recht nah am Meer entlang. Immer wieder die Sicht auf den tiefblauen Ozean während der Fahrt und dazu der grandiose Himmel. (Ich schrieb ja schon, wie sehr ich Himmel liebe.)

Ich bin dann auch mal runter von der Bahn und etliche Kilometer nur auf Schotterwegen am Ufer entlang gefahren.

Verlassene Bauernhäuser, durch deren Öffnungen der Wind heulte.

Dann kamen wieder diverse Neubauten der „weniger ärmlichen Art".

Solch einen Zweitwohnsitz mit Chic direkt am Meer würde ich mir auch wünschen. Überall auf meiner Tour konnte ich feststellen, dass die „Europäische **Wirtschafts**gemeinschaft" und der gemeinsame Euro zu mindestens in anderen Ländern durchaus sichtbare Erfolge hinterlassen hatte.

(Die gleichen Erfahrungen konnte ich bei meinen Polentouren 2012 und 2014 machen, obwohl da noch nicht einmal der Euro eingeführt wurde.)

Die „öffentliche Armut" in der alten BRD kam mir da schon als Galle hoch. Wie ungepflegt sieht es mittlerweile bei uns aus. Da werden Laternen abgeschaltet und öffentliches Grün aus dem Pflegeplan heraus genommen. In Frankreich und Spanien sah ich dagegen immer wieder sehr gepflegte öffentliche Plätze, Springbrunnen, Busbahnhöfe.

Geländer etc. aus Edelstahl, wirklich ausreichende Beleuchtungen in moderner Form, immer wieder prächtige Blumenbeete.

Danke, trotzdem, dass unsere Nachbarn die Steuergelder unserer <u>arbeitenden</u> Bevölkerung nicht nur den Milliardären ihres Landes in den Rachen warfen, sondern auch das urbane Umfeld verschönerten.

Am Ende meiner „Ufertour" versuchte ich dann, in einem kleinen Örtchen zu Mittag zu essen. Viele wunderschön gedeckte Tische vor einem Restaurant lockten mich an. Meine bepackte Estrella dicht an einer Hauswand geparkt und natürlich ohne Helm da hin.
Es wurde meine erste von zwei Enttäuschungen auf dieser Tour.
Ich glaube ja immer ganz selbst bewusst, dass <u>ich</u> ohne Helm jegliche „Gesichtskontrolle" schadlos überstehen könnte.
Ich weiß jedenfalls nicht warum, aber angeblich waren alle (etwa 10 - 12) Tische reserviert.
Also aß ich auf der Kneipenterrasse gegenüber nur ein Baquette, trank einen Kaffee und ein „bleifreies" Estrella Bier. Danach noch zwei Zigarillos in der wunderbaren Sonne gepafft und fuhr dann weiter.

Bis dahin war kein einziger Tisch gegenüber belegt gewesen.

(Spanischer) Stolz ist ja etwas Feines, Hochmut zeugt bei mir nur von grottentiefer Dummheit. Wie sagt ein arabischer Fluch so treffend?

„Tausend Sandflöhe mögen dein Arschloch umkreisen!"

Oder feiner ausgedrückt mit einem Fluch, als das Jiddische noch für Humor stand:

„Alle Zähne sollen dir aus dem Maul fallen, bis auf einen - für Zahnweh!"

Meinen Nachmittagskaffee konnte ich dann unterwegs wieder wie gewohnt bei freundlichen Menschen trinken. Hinter der Theke hingen die dicken Schinken unter der Decke. Das Lokal war liebevoll gestaltet und hatte ein gewisses Flair.

Kam schließlich bis Gijon-Oviedo zum Sercotel La Borona. Ein 4**** Superhotel eher im Gewerbegebiet (diverse Autohändler drum herum).

Edles Doppelzimmer (DZ hatte ich ja immer), Cafeteria, Restaurant und Parkplatz. Der Tiefgaragenplatz für die Estrella war gratis, das Frühstück den

4**** angemessen.

Das Netbook hing am Kabel und hatte so gute Verbindung ins Netz.

Und das alles für 69 € incl. Frühstück.

Nach dem Besuch der Badewanne fühlte ich wie ein junger, gesunder und kräftiger 65jähriger.

Spaß beiseite, keine Sitzbeschwerden, Körperzustand besser als vor der Fahrt. Nur ab Nachmittag merkte ich jeweils etwas meine kaputten oberen Halswirbel. So saß ich danach erst noch spät nachmittags auf der Terrasse in der Sonne und äugte nach weiteren Restaurants.

Begab mich dann aber bequemer Weise doch ins Hotel eigene Restaurant und nahm das kleine 3-Gänge-Menü für 13 €. Diverse Salate mit Paprika, Mais, Walnüssen und Mozarella. Dazu leckeres Brot. Hatte statt gegrilltem Thunfisch die 8 Hackfleischbällchen genommen mit Bratkartoffeln. Danach gab es Milchreis (echt lecker).

Im Preis war eine Flasche 0,75 Liter „Vino Tinto Rioja" enthalten, auch sehr lecker. Den Flaschenrest nahm ich mit auf die Terrasse zum Rauchen. Vorher gab es natürlich noch Kaffee im Restaurant.

Draußen war Vollmond und ich lebte – wie immer auf dieser Tour – wie „Gott in Frankreich" und dies meist zu wirklich günstigen Preisen.

Dies alles führte zu 3 Kilo „Muskulaturzuwachs" rund um die Hüften. Was soll es: *Ein Mann ohne Bauch ist ein Krüppel*, lautet die Ausrede aller Dicken.

Anschließend musste ich leider einige Etagen zu meinem Zimmer hoch laufen. Der Aufzug war für einige Stunden außer Betrieb, da nach der Reparatur des Cafeteriakühlschranks durch einen langhaarigen Bombenleger, ähem, Elektrikers, plötzlich der Fehler zum Aufzug hin ausgewandert war.

(Immer diese blöden Vorurteile!)

Ich konnte wirklich gut schlafen (trotz des Vollmondes) und nach dem guten Frühstück ging es

am **MITTWOCH (21. AUGUST)** weiter Richtung Bilbao. Der Wind hatte deutlich nachgelassen. Weiterhin nur Freude beim Fahren.

Schließlich traf ich bei einer Rast ein Paar aus Milano, beide etwa Mitte Fünfzig. Sie waren von Mailand aus rüber nach Spanien gefahren, nach Barcelona, südlich runter bis Granada, dann hoch nach Madrid, weiter nach Santiago und natürlich zum Kap am Ende der Welt. Nun ging es zurück etwa auf meiner Strecke. Geplant hatten sie da für den Rückweg noch Südfrankreich und die Schweiz.

Alles zusammen lediglich auf einem 400er Honda Roller mit Gepäck.

Das war schon deutlich mehr als meine Tour.

Ich musste innerlich grinsen bei dem Gedanken an einige Motorradforenteilnehmer, die eine Fahrstrecke von etwa 300 km für sich und ihre „untermotorisierten" 100 bis 200 PS-Bolzen für unzumutbar halten.

In Bilbao führte mich das Navi zur Pension La Salve direkt über dem Stadtzentrum.

OK, nicht so ganz richtig.
„Das Ziel befindet sich links vor ihnen."

Da es das Ende der Straße war, also mit Schwung rein in die Einfahrt – und da stand ich dann plötzlich vor dem Guardia Civil Menschen mit der MP! Was denn mein Begehr sei (oder so), fragte dieser recht höflich.

Nein, dies sei nicht die Pension La Salve, die befände sich 40 Meter tiefer <u>auf der anderen Strassenseite</u>. Dies sei die Kaserne.

Da die Pension total eingerüstet war, hatte ich diese beim Vorbeifahren gar nicht beachtet, zumal die sehr steile Straße alle Aufmerksamkeit erforderte.

Wo parken? Da würde ja das Moped in jeder Position vom Ständer fallen oder gaaanz langsam nach unten rutschen.

Der nette Herr war allerdings nicht bereit, dass ich meine Estrella über Nacht in seine (oder seiner Kameraden) Obhut hätte geben können.

Nach den früheren Erfahrungen hier im Baskenland mussten die Vertreter der Spanischen Zentralregierung ja immer noch mit diversen Bombenlegern rechnen (diesmal halt mal nicht langhaarig).

Ich hatte dennoch Glück. Nachdem ich zuerst einmal die Estrella irgendwie am Baugerüst rutsch-

sicher angelehnt hatte, konnte ich nach dem Einchecken in eine mehretagige Tiefgarage unter der
Pension fahren. Dies war das einzige Mal (außer im
öffentlichen Parkhaus in Pau), dass ich dafür be-
zahlen musste. 5 €, wären zwei Bier gewesen oder
so. Geschenkt! Dafür kostete das Doppelzimmer bei
der zentralen Lage lediglich 40 €. Die Zimmer und
das Bad waren gut (siehe mein Wäschefoto), der
Allgemeinbereich war wie bei „Backpackers".
Will aber nicht darüber klagen.
Es war sehr heiß an diesem Tag.
Dafür trocknete die Wäsche im ebenerdigen Zimmer trotz fast geschlossenen Rollos.

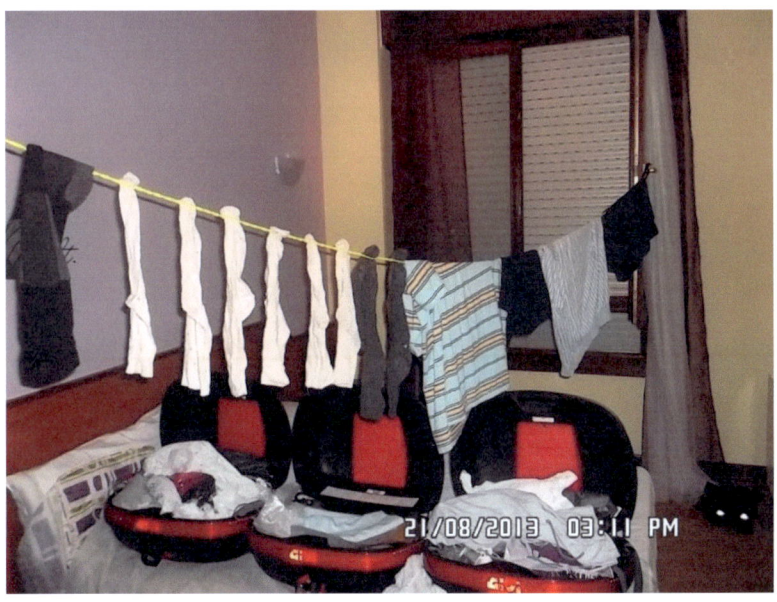

Hier in Bilbao warf mich die Hitze fast um. Siehe die Temperaturanzeige auf der Kreuzung. (Der ein- gebaute „Motorradfahrerairbag" des Herrn im Vordergrund war nicht der Anlass für das Foto.)

Ich also runter in die Innenstadt, in der soeben der Bär steppte". Es war gerade eine Festwoche hier. Alte Männer mit Baskenmützen, blauen Schals, bestimmten gleichen Hemden. Das junge Volk amüsierte sich. Ich hatte leider nur sehr wenig davon. Ich hatte versehentlich von meinen Herz- tabletten nur einen Streifen eingepackt, statt

deren drei. Dies waren also 7 Tabletten. Bilbao war aber bereits mein 12. Reisetag. Dazu die Hitze und irgendwie die gesamte Anstrengung der Tour.

In einem der Festzelte aß ich eine Tortilla Patata und trank dazu 2 Becher Heineken Bier. Bei dem Durst schmeckt halt fast alles.

In diesem Zelt standen etwa 10 Tische mit Schach-brettern. Die Köpfe qualmten. Es wurde mit mehr oder auch weniger Geschick da Blitzschach ge-

spielt. Wer verloren hatte, verließ oft den jewei-
ligen Tisch mit rotem Kopf. Die Gewinner lächelten
stolz. Da es sich offensichtlich nicht um ein Turnier
handelte, sondern alles nur „just for fun" war, hätte
ich ja gerne mit gespielt. Das, was ich so an einigen
Brettern so gesehen hatte, konnte mich nicht groß
ängstigen. Und wenn, sei es drum.
Verlieren gegen einen Besseren ist keine Schande.
Aber trotz meines deutlich erkennbaren Interesses
forderte mich keiner der Spieler auf zu einer Partie.
Und ich selbst kann ja noch stolzer sein als ein
Baske. Ich bitte niemanden um etwas. (Vermutlich
manchmal ein Fehler.)

Schließlich schlich ich ziemlich ermattet wieder auf-
wärts Richtung meines Zimmers im La Salve.
Das Guggenheim Museum war ja nicht weit, aber
der Geist wäre eventuell willig gewesen, das Fleisch
war aber absolut schwach.
Dafür genoss ich den Anblick wundervoller priva-
ter und öffentlicher Gebäude und öffentlichen
Grüns. Wer langsam geht, sieht mehr im Leben.
Vor der letzten Steigung noch ein (3.) Bier vor

einem Cafe gegen die Dehydrierung. Nur etwa 200 Meter unterhalb der Pension noch mal Polizei. Da standen im Eingang des Innenministeriums die armen Jungs bei dieser Hitze in voller Montur mit schusssicheren Westen und MPs.

Was ist denn hier los? dachte ich. Es sollte noch Folgen haben.

Vor der Pension half ich noch einem Pizzaboten aus höchster Not.

Er hatte seinen 50er-Roller mit dem 100-Liter-Kühlbox-Topcase wie ich vorher an das Baugerüst gelehnt und war rein zum Liefern. Da begann das große Rutschen abwärts. Wir spurteten beide auf den Roller zu und konnten ihn gerade noch fangen.

Um 21 Uhr lag ich bereits erschöpft im Bett. Gegen 22 Uhr unruhige Träume beim Wiederaufwachen. Ich hörte heftige Detonationen wie Geschützdonner, der heftig und andauernd durch den Talkessel knallte wie bei der Panzerschlacht von Kursk 1943 und der hoch zur Pension schallte. Wieder Ärger mit der ETA? Deshalb also überall die Polizei!?

Oder waren dies die Bohrungen und Sprengungen an der Autobahn, die nun direkt über der Pension verläuft und von denen die Wirtin erzählt hatte?

Gemeine Geräusche, wenn man noch nicht so richtig wach ist.

Als ich endlich die Augen auf hatte und das Rollo hochzog, sah ich das heftige Feuerwerk von über 30 Minuten anlässlich der Festwoche.

So ein Talkessel verstärkt schon ungemein den Donnerhall.

Aber jetzt wieder anziehen und nochmals runter zum Feiern?

Nö, wieder ab ins Bett und damit getröstet, dass man irgendwann einmal ja unter weniger anstrengenden Bedingungen wieder hier her kommen könne.   Danach schlief ich tief bis 8 Uhr morgens.

Ach, ja, die sprachliche Verständigung. Die Wirtin im La Salve bemühte sich redlich, allen Gästen auf „Englisch" alles zu erklären – bzw. mit dem, was

sie darunter verstand. (Vielleicht konnte sie ja kein Spanisch, sondern nur Basque.)
Einen Suaheli oder Han-Chinesen hätte ich sicherlich besser verstehen können. War ganz lustig.
Vielleicht sollte aber auch ich meine Sprachkenntnisse wieder deutlicher auffrischen.

DONNERSTAG (22. AUGUST)

nach dem einfachsten Frühstück der Tour weiter gen Osten über Biarritz zum Hotel Altica in Pau.

Biarritz, was für ein Name, welch ein Ort! Ich war noch nie da gewesen und glaubte an unbezahlbare Plätze und Restaurants, an unvergleichbare Schönheit. Wenigstens einen Kaffee wollte ich da aber an der Promenade trinken und wenn er denn 12 € kosten sollte.
Wie so manches Vorurteil, löste sich alles in Luft auf.
Der Ort war in Ordnung, der Strand – nun ja, nicht übel, aber schon bessere gesehen. Das Wetter war eher diesig, was natürlich auch zu dieser eher müden Einschätzung führen konnte.

Meine Einkehr direkt mitten an der Strandpromenade war dann eher eine positive Überraschung.

Biarritz direkt an der Promenade. Pizza Calzone (die mit allen Resten drin), ein Glas Wein, Bier bleifrei und ein Kaffee vorher, einer nachher für 19,30 €. Hätte ich nicht erwartet.
Dazu meine Zigarillos „Marke" Fumar mata = Rauchen tötet.

Da sage mal einer, in Frankreich müsse man mit wenig Geld verhungern und verdursten!

Auf der Weiterfahrt dann noch einmal Rast an der Autobahn. Wunderbare Raststätte, sehr sauber, schöne Terrasse mit Überdachungen und wind-abweisenden Glaswänden.

In Pau hatte ich für die Rückfahrt ein anderes Hotel gebucht, da ich die Abwechslung liebe. Das Altica Pau lag mehr am Ortsrand, war aber gut ausge-stattet. Zum Abendessen musste ich aber einige Hundert Meter laufen. Es ging vorbei an diversen noblen Sportstätten und an einem sehr schönen Campingplatz, der zu dieser Zeit ausschließlich mit Wohnwagen einer „fahrenden Minderheit" belegt war.
Das Restaurant in einem Sportclub war spitze und so gönnte ich mir erstmals und einmalig ein eher teures 4-Gänge-Menü. Es lohnte sich wirklich. Das Essen war Spitzenklasse und ich hatte ja in den bisherigen 2 Wochen deutlich weniger ausgege-ben, als gedacht.

[Hier eingeben]

Am **FREITAG (23. AUGUST)**

war das Tagesziel das Etap Hotel _La Cite_ in Carcassonne. Die Strecke war einfach genial, denn ich fuhr
schnell ab von der Bahn über kleinste Sträßchen
der „Route des Pyrénées", meist frei nach
Schnauze und ließ mal wieder das Navi plärren.
Könnte es ja ausmachen, es machte aber Laune,
ungehorsam zu sein und trotzdem den Weg irgendwann wieder zu finden.

Die Sträßchen waren (upps: Geil!), also besonders
gut für Motorradfahrer geeignet. Die Landschaft
interessant.

Fotospezialisten wie „Labete" hätten ihre Freude
beim Fotografieren gehabt, wenn da nicht bis etwa
14 Uhr dieser ständige Nieselregen gewesen wäre.
Also blieb die Minicamera im Topcase und später
hatte ich keinen Bock mehr.

Also Mittagessen außerhalb von La Bastide-de-
Sérou (Region Midi-Pyrénées). Natürlich draußen,
aber unter einem Vordach. Das „La Tour du Loup"
war angesichts des Wetters in Ordnung. Ich war
froh, etwas zu trocknen, mich zu stärken und
auszuruhen.

In der Nähe gab es eine Unterkunft mit Enduro-
Motorradtouren.

Sicherlich auch hier einen speziellen Urlaub wert.

Meine Kleidung und die Stiefel waren bis Carcassonne wieder völlig getrocknet, da ab 15 Uhr durch-
gängig Sonnenschein und 30 Grad herrschten.

Schließlich im „Etap Hotel La Cité" in Carcassonne
gelandet. Lag an der Avenue du General Leclerc
(schon wieder eine General). La Cité – wie Innenstadt, war aber eher eine Mogelpackung in Rand-
lage an einer Durchfahrtstraße. Allerdings mit Terrasse vor dem Haus und verschlossenem Parkplatz
hinter dem Haus. Über die Etap-Hotels und deren
Ausstattung muss ich wohl nichts schreiben. Alles
einfach, aber sauber und in Ordnung.

Bei der Relation Preis (57 + 6 €) zu Gegenwert hatte
ich da bei einigen anderen Hotels doch mehr Glück.

Nach dem Einräumen und Duschen dann entlang
der Straße zu einem empfohlenem Speiserestau-
rant. Dieses sah öde und verlassen aus.

Wieder einer der üblichen Leerstände? Keine Karte

draußen, keine Öffnungszeiten angegeben , die beiden dicken Tore total verrammelt.
Also weiter Richtung Einkaufszentrum. Auch da eher „Tote Hose".

Ich muss es hier gestehen und beichten: Ich bin daraufhin ins MacDoof und habe da einige von diesen Sojabohnenfrikadellen mit 34 % Fleischanteil plus Pappebrötchen, Salatblatt und Tomatenscheibe „dröm heröm" in mich hineingewürgt.
Dazu mein „Lieblingsgetränk": Cola mit viel Eis.

Auf dem Rückweg an der Straße lang doch mal beim „Geisterlokal" vorbei geschaut. Verdammte Ungeduld und Fresslust! Die hatten tatsächlich plötzlich auf. Es roch ausgesprochen lecker. So trank ich dann noch ein Viertele von dem Roten auf der Terrasse des Lokals.

Zurück ins Hotel und aus dem Zimmer mein Netbook geholt, um auf der Terrasse (qualmend) und mit Kaffee vielleicht Verbindung in die Heimat zu bekommen. Aber da war doch schon in Gijon was mit dem Aufzug gewesen.

Hier die Duplizität der Ereignisse. Nun steckte ich aber selbst vor der 1. Etage fest.

Zuerst hatte es noch heftig gerummelt, danach ging nichts mehr.

Aber heiß war es da drinnen in der Blechkiste.

Das Mädel von der Rezeption wusste auch nicht weiter.

(Immerhin klappte es mit der Verständigung besser als in Spanien. Mein Französisch ist zwar schlecht, aber dennoch brauchbarer als die paar Brocken Spanisch.)

Nach etwa 20 Minuten war es dann so weit. Da wurde der allzeit (haha) friedliche, alte Opa zum

Max(imus) Rabiatus.

Ich schob die Tür von innen auf. „Und bist du nicht willig, so brauch ich Gewalt..".

Ich bekam einen Kaffee zur Beruhigung und setzte mich auf die Terrasse.

War oK so. Nach einer weiteren Viertelstunde kamen Feuerwehr und Rettungswagen. Wunderten sich über meine Gelassenheit und meinen ruhigen Puls.

Nach einer weiteren Stunde war auch der Reparaturdienst da.

SAMSTAG (24. AUGUST)

Zeit müsste man haben, wirklich frei von allen Terminen, Zwängen (und natürlich auch geldlich „gesegnet"). Da lag also südöstlich das Roussillion Richtung Mittelmeer und Richtung Montpellier und Nimes das Languedoc.

Was hätte man noch aus dieser Tour machen können.

Die französischen Westalpen – noch nie war ich weiter als südlich des Genfer Sees gekommen. Später mal, vielleicht.

<u>Die Zeit wird knapp im Alter.</u> Freunde von uns hatten immer weite Reisen unternommen. „Ins Allgäu", dem Lieblingsort („mit Heimatgefühl") meiner verstorbenen Frau über 30 Jahre lang,

„könne man dann doch auch noch im Alter fahren".

Beide Einstellungen haben ihren wahren Kern.

(Ein Motorradforenmädel – A66 – hat da den zutref-
fenden Untertitel zu seinen Beiträgen gefunden von
So(e)ren Kiergegaard:

Verstehen kann man das Leben nur
rückwärts.

Aber leben muss man es vorwärts.

Also brav auf die Bahn und ostwärts Richtung
Rhonetal rollen lassen.

Ich fuhr mehrfach von der Bahn wieder runter, denn
an diesem Wochenende war ja wieder „Schicht-
wechsel" an allen Ballermännern entlang der Mittel-
meerküste.

Der Verkehr tobte bzw. schlich wie zu besten Zeiten
um den Kölner Ring oder zwischen Frankfurt und
Würzburg.

Es war ganz anders als auf den geruhsamen Straßen im Südwesten Frankreichs und Nordspaniens.

Kilometer lange Schlangen und dazu die nervigen
Mautstationen: Peage, Peage – für
mich als Gesangsreim passend zu „alles fürn

Ar…", als ich aus einem offenen Auto das Lied „Voyage, voyage…hörte.

Es war 33 Grad. Immer wieder die Handschuhe ausziehen, die nur noch an den Händen klebten, Ticket ziehen oder einstecken, Kleingeld sortieren und einwerfen…

Bei menschlicher Besatzung an den „Fürn Ar…-Stellen" reichte ich nur noch mein Kleingeldportomonnaie rüber. Die Damen nahmen sich die passende Gebühr raus. So einfach kann es gehen, wenn beide Seiten mitspielen.

Parallel zur Bahn waren die Straßen ebenfalls verstopft. Also mehrfach wieder auf die Bahn zurück. Die Raststätten waren, im Gegensatz zu den bisherigen, total überfüllt, total verdreckt, Schlangen vor den Toiletten bis zu 20 Meter.

Dabei war es schon enorm schwer gewesen auch nur einen (illegalen) Stellplatz für das Moped zu bekommen. Einmal war da doch so ein passender freier Platz hinter einer Mülltonne, den bisher noch keiner als Parkplatz registriert hatte.

Passte haargenau.

Heute, am Samstag, ging es aber streckenweise noch. Bisweilen lief die Maschine wieder wirklich gut. Ich zog eine lose Schraube wieder fester und füllte nach 4100 km einen Viertelliter Öl nach. Mein Packesel lief (mit Gepäck) laut Tacho 138 kmh, laut Navi waren dies 124 kmh.

Die Estrella wurde zum Rennpferd für Arme.

Immerhin konnte ich während der Fahrt auch mal nach rechts oder links gucken. So wie an der Biskaya der Atlantik glänzte, so strahlte mich hier das Mittelmeer an.

In diese Gegend fahre ich mal gezielt hin. Aber mit PKW und Hänger, mindestens 1 Woche je Station und dann die Gegend in Ruhe erkunden.

Ich konnte trotz der Hektik mittags an der Autobahn einen hervorragenden Schinkenbraten mit Gemüse essen. Zudem trank ich diesmal genügend „Bleifreies" und Kaffee, damit ich nicht wieder austrokknete.

Oh, was ist die französisch Sprach

für eine schöne Sprach .,.

Das Balladins in Montelimar lag an der Avenue John Fitzgerald Kennedy.

Es war der absolute Tiefpunkt der Reise. Was sich so schön anhörte, entpuppte sich als Ringstraße oder so um die Stadt bzw. außerhalb.

Das Balladins lag quasi auf einer größeren „Verkehrsinsel" zwischen drei Straßen.

Sollte jemand da mal nachschauen wollen – vielleicht steht es ja nicht mehr. Meiner Einschätzung nach hätte mindestens 5 Jahre vorher bereits die Sprengung erfolgen müssen.

Der Erhaltungszustand war etwa so, wie man es im Fernsehen neulich bei Wohnungen der „Deutschen xxx" gezeigt bekam.

Die empfohlenen Restaurants waren noch geschlossen, die Fressbuden im Einkaufspark noch so eben bereit, mir etwas zu bruzzeln.

SONNTAG (25. AUGUST)

der Reisehorror im Rhonetal …

Und trotzdem wurde es ein wunderbarer Tag mit

drei netten Erlebnissen.

Da die Bahn wirklich dicht war, praktisch die Ge-

samtstrecke bis Champagnole auf dem Jura „über

Land" gefahren. An dieser Bushaltestelle war ich

schon vorbei. Es folgte direkt ein Kreisverkehr,

also sofort entschieden, die 360 Grad Variante zu

fahren, um ein paar Fotos von den beiden

„Anhaltern nach Amsterdam" zu machen.

Gallischer Humor im Rhonetal…

So lasse ich mir Graffiti gefallen!

Kurz drauf wollte ich eine kleine Mittagspause ein-
legen. In Valence waren da so einige nette Bistros
rund um den modernen Busbahnhof mit schönem
Platz etc. Aber bisweilen bin ich etwas wählerisch
bezüglich des weiteren Publikums. Also weiter in
die nächste Kleinstadt.

Man bekommt ja Mund und Augen nicht mehr zu,
wie wunderbar selbst in kleinen Städtchen/Dörfern
„le grand place" gestaltet sein kann. Mehrere Was-
serspiele, Straßencafes, sogar Parkmöglichkeiten
vor Ort. Bei der Kellnerin kam mir wieder „Oh, Kalkutta" in den Sinn. Der Kaffee tat gut.

Fragte den „Patron" nach der Speisekarte:

„Manger – at twelve o `clock." lautete seine
spontane Antwort auf "Franglais".

Ok, dann halt nach dem Kaffee direkt weiter.
Ich schaute mir unterwegs gerade eine Staustufe
der Rhone an, als ich stutzte.

Einen „Neger" hatte ich auf dem „Camino"
unterwegs noch nicht gesehen.

Das ist Pilgern in seiner reinsten Form!

So sieht dann ein 23jähriger Litauer aus, der es von Sonnenaufgang bis Sonnenuntergang zu Fuß in zwei Monaten von Litauen über Polen und Deutschland bis hinter Lyon geschafft hatte. Er fragte mich nach dem Weg entlang der Rhone.

Nein, bis Santiago würde er es wohl nicht mehr schaffen, da er im Oktober wieder zurück sein müsse. Diesmal nur bis Barcelona und dann mit einem günstigen Flug zurück in die Heimat.

Die Pilgermuschel auf dem Bild hatte ein „Pilger-
bruder" aus Langenfeld von einer Pilgerfahrt zu
Fuß mitgebracht und mir geschenkt. Ich hatte sie
vom 10. August an täglich getragen. Nun bekam
sie dieser tapfere Bursche. Ich beneidete ihn um
seine Jugend, seine Kraft, seine Ausdauer und
seinen festen Willen.

Der junge Mann hat meinen höchsten Respekt.

„Man müsste noch mal 20 sein..."

Als ich 50 km weiter war, fiel mir ein, dass ich
doch vielleicht mehr hätte für ihn tun können.
Warum habe ich immer so eine „lange Leitung"?

Von Lyon aus dem Rhonetal heraus auf die Höhen
des Jura wurde es allmählich herbstlich. Es wurde
dann so langsam 20 Grad kälter als im Tal. Schöne
Herbsthimmel über mir, aber auch Herbstnässe
auf der Kleidung. Die Finger wurden langsam steif.
Eigentlich traumhaftes Herbstwetter, aber hier wäre
der Rukka-Anzug an den letzten paar Fahrtagen

vielleicht angebracht gewesen. Ich hatte dann aber keine Lust mehr, auf den letzten Kilometern noch zusätzliche Kleidung drunter zu ziehen.

Also wieder „Über deine Höhen pfeift der Wind so kalt" in den Helm gesungen/gegrölt.

Dachte dabei an das Männlein auf der Eisscholle, das immer „durchhalten, durchhalten" sagte und sich warme Gedanken machte. Gleich kommt doch das Cafe Hotel de la Gare in Champagnole …tröstete ich mich.

Als ich nach Champagnole hinein fuhr, sang ich lauthals den Choral: „Großer Gott, wir loben dich und wir preisen deine Stärke…"

Wie der Name schon vermuten ließ, ist dies eigentlich die Bahnhofsgaststätte (gegenüber des Bahnhofs). Morgens schon saßen die Arbeiter da und tranken ihren Kaffee für 1 €, so wie bei uns an diversen Kaffeebüdchen. Man hatte auch 3 Zimmer. Ich glaube, die Einrichtung stammte noch aus der Zeit der Belagerung von Verdun.

Neu war da nur das nachträglich abgetrennte Bad im Raum. Das war eigentlich schon auf dem Stand der Technik. Alles war sauber.

Die Wirtsleute nett, wenn auch im Hause alles etwas kürmelig war.

Ich parkte in der Einfahrt hinter dem Tor und brachte meine Koffer im Zickzack durch das voll gestellte Treppenhaus. Dafür entschädigte das wirklich schmackhafte Abendessen, das der chinesische Ehemann zubereitet hatte.

Das war so, wie man es als „Vorurteil" über französische Restaurants immer im Kopf hatte:
Gebäude eher na, ja, nach deutschen Maßstäben und das Essen dann ganz hervorragend.

Die Wirtin sprach fließend Deutsch, da sie ihre Restaurantausbildung „um die Ecke" in der Schweiz gemacht hatte. Das Frühstück war ebenfalls in Ordnung.

Der relativ hohe Preis für diese „Tote-Hose-Ecke", basierte wohl auf dem eher geringen Angebot in der gesamten Umgebung.

MONTAG (26. AUGUST)

Weiterfahrt durch das wunderschöne Doubstal bis in die Südvogesen zum „Goldenen Adler" in Rimbach Pres Guebwiller.

Morgens wieder herbstlich frisch. Die Landschaft ähnelte immer mehr dem Allgäu. Die Häuser kamen dem nun schon näher, als die eher schlichte Bauweise in Südfrankreich. Holz an den Häusern, frische Farbe, Blumenkästen an den Balkonen verdrängten den etwas „vernachlässigten" Eindruck der Vortage in Südfrankreich.

Nun sang ich, wie immer auf der Rückfahrt auch nach den fantastischsten Urlauben:

„Und in der Heimat ist es immer noch am Schönsten…"

Trotz aller Neugier braucht der Mensch wohl auch das Bekannte, das Vertraute, damit er zur Ruhe kommt.

Die Fahrt ging ganz bewusst durch das Doubstal. Wunderschöne Landschaften, gepflegte Orte und mit einem „Sonderklima" gesegnet wie das Ahrtal. Auf einer Brücke erschlug mich bald der Anblick der Blumenpracht an beiden Brückengeländern. Ich drehte um und schaute lange. Radfahrer hielten und fotografierten wie ich. Ich hatte das Gefühl, da waren mehr Blumen als im Solinger Ortsteil „Bettelheim".

Auf der Doubs die abgesteckte Kanuslalomstrecke, alles zum Schauen und Träumen.

Natürlich später ein wunderbares Restaurant mit Terrasse direkt am Markt gefunden. Hier gut gegessen bei schönstem Sonnenschein. Es ließ sich aushalten, die Frühnebel waren vertrieben.

Als ich schließlich nach Rimbach Pres Guebwiller (Südvogesen) zum „A L`aigle D`or" (Goldener Adler) kam, hatte dieser Ruhetag.

Wusste ich aber. Man hatte mir eine Code-Nummer zugesandt, mit der ich ins Gebäude kam. Der Zimmerschlüssel steckte. Natürlich war an diesem Montag auch das Restaurant geschlossen. Man hatte mir aber mitgeteilt, dass da noch eine Winstub (ein Restaurant) im 169 Seelen Ort sein sollte.

Jedenfalls hatte ich ein sehr schönes und gepflegtes Zimmer für 40 € bekommen. Es wäre deutlich mehr wert gewesen. Auch das Frühstück für 8,50 € am nächsten Morgen war hervorragend. Der Seniorchef im adretten Kochgewand sah selbst mit nach dem Rechten.

Natürlich sprach er fließend Deutsch und Französisch. Sein Vor- und sein Nachname deckten ja auch beide Sprachen ab.

Was hatten diese Menschen im Elsass alles für ein Hü und Hott, ein Hosianna und ein „Kreuzigt ihn!" erlebt. Wie oft waren sie vom „Patrioten" zum „Verräter" geworden und wieder zurück. Eigentlich wollten doch fast alle von ihnen lediglich in Ruhe leben, ihrer Arbeit nachgehen und vielleicht ein kleines bisschen Glück genießen.

„Glück und Glas, wie leicht bricht das."
Musste auch ich schon feststellen.

Dieser „Patron" bediente seine Gäste mit einer Würde und stolzen, dabei freundlichen Gelassenheit.
Ich freute mich darüber, dass wenigstens diese „umstrittene" Grenzregion wohl noch länger im Frieden des vereinten Europas leben kann.
(Ich mag ja generell auch keine Separatisten, bisweilen nicht einmal Dialekte – so schön sie

auch sein können – weil immer auch ein Stück Ausgrenzung anderer dabei ist. Dies hat meine Familie und auch ich leider seit fast 100 Jahren erleben müssen.)

Das „ewige Nachtragen" und „Verfluchen" anderer – hier uns als Deutsche, tut mir bisweilen körperlich weh. Ich hoffe, dass ich es noch erleben kann, dass in einigen Jahren weder direkte Opfer noch Täter da sein werden.
Ich weiß, dass es Dinge gibt, die wird man nie verstehen können, nie vergessen, schon gar nicht verzeihen.

Aber mit der ewigen „Erbschuld" für zuerst einmal unschuldige Nachgeborene werde ich mich nie abfinden können.

So hatte ich hier in diesem Örtchen leider mein zweites Erlebnis der Zurückweisung.
Als ich in das Straßendorf einfuhr, fragte ich höflich ein altes Mütterchen auf Deutsch nach dem „A L`aigle D´or" und nach der Winstub. Als keine

Reaktion erfolgte, das Gleiche auf Französisch.

„Wo das L`aigle D`or sei, wisse sie nicht und eine Winstub gäbe es hier auch nicht!"

Der Ort ist wenige Hundert Meter lang!

Ich weiß nicht, was diese Frau hat erdulden/ ertragen müssen.

Vielleicht Unmenschliches.

Aber in diesem Augenblick kommt man sich vor, wie Christophorus in der Mitte der Strömung: Da lastet die gesamte deutsche „Schuld" nur auf den eigenen gebrechlichen Schultern.

(Und heute, am 08.01.2015, nach dem furchtbaren Mordanschlag auf die Redakteure eines Satire- magazins in Paris, kommen - zu Recht – die mahnenden Stimmen, dass man nun nicht alle Muslime damit in Verbindung bringen dürfe.

Wirklich gut diese Äußerungen, schade nur, dass sie überwiegend von Menschen/Politikern kommen, die meinen, in Deutschland müsse man noch für viele Generationen nur in gebückter Demutshaltung leben.)

AM DIENSTAG (27. AUGUST)

dann der Versuch, aus Rimbach weg zukommen.

Funkloch wegen Tallage oder fehlender Handy-

masten konnte ich mir ja vorstellen, aber warum

auch das Navi keinerlei Empfang hatte?

Alles egal, ich fuhr auch nicht zurück auf der

Straße, die ich am Montag gekommen war.

War vielleicht falsch! Oder doch nicht?

Zuerst fuhr ich etliche Kilometer auf geteerten

Waldsträßchen, dann kam dieses:

Dazu noch die Frühnebel.

Nun ist man einmal in den Vogesen mit dem

Moped…

[Hier eingeben]

Hatte aber auch ein wenig Vorteile. Selbst später auf den Hauptstraßen gehörten die Straßen mir, mir fast allein.

Schon früh hielt ich an für einen Kaffee mit Mirabellentorte. Die Finger waren etwas klamm geworden und zudem bin ich eh verfressen.

Schließlich kam wieder die Sonne durch, es wurde wunderschön und ich fand in Saint-Marie-aux-Mines ein Restaurant mit einem Platz draußen (an der Straße zwar) für das Mittagessen. Ich genoss die gute Elsässer Küche und war gerade fertig, als dicke, schwarze Gewitterwolken aufzogen.

Also schnell mal wieder nach der chinesischen Routenführung mit „Um – leit – ung" Richtung Osten zur Rheinebene hin.

Ich bin ein wenig kreuz und quer gefahren, hatte ja eh vorher die Absicht gehabt, noch eine Nacht irgendwo im Elsass zu verbringen.

Als ich in Kaysersberg tankte, stellte ich zwei Dinge fest:

- **Ich war bis zur Tanke jetzt auf der Tour genau 5000 km gefahren.**
- **Hier im Ort hatte ich mit meiner verstorbenen Frau vor etwa 20 Jahren einmal sehr gut gegessen, Braten mit Elsässer Sauerkraut.**

Das Unwetter verzog sich wieder und ich fuhr dann doch wieder Richtung Nordwesten und schließlich durch bis nach Altenkirchen zu Norbert und Evi.

Bin wieder gut bewirtet
und bekocht worden.

Den zweiten Tag in den Vogesen hatte ich mir gespart – **Heimweh.** Die (Enkel)kinder waren ja wieder aus dem Urlaub zurück.

MITTWOCH (28.AUGUST)

dann die Heimfahrt statt Tante Ellis Geburtstag …

Hunsrück am Vormittag bei 11 Grad und wieder ein
Gesang:
„Über deine Höhen pfeift es wie Westerwald…"

Heimat, kalte…
Wie hatte man uns (deutsche) Flüchtlinge und
(deutsche) Heimatvertriebene mit der bekannt
freundlichen und einfühlsamen „Willkommens-
kultur" der 50er Jahre begrüßt, gehänselt?

Sicherlich öfters auch sehr ernst gemeint.

„Geht doch wieder *rübber* in eure <u>kalte Heimat</u>!"

„Lernet Sie erscht oimal Däitsch, bevor Sie mit mir

schwätzet…"

In der Reichswehrkaserne Karlsruhe Wohlfahrts-

weirer Straße lebte unsere Familie mit 6 Personen

von 1953 bis 1955 in einer „Stube" (Durchgangs-

zimmer).

Ich war wieder in der „Heimat", wenn man denn

davon sprechen kann.

Die Straße schlängelte sich, der Motor musste hier

nicht immer „Vollgas" fahren bei großer Hitze.

Im Moseltal ab Bernkastel-Kues war es dann

schon über 20 Grad. Ich wollte da schon Pause

machen, aber die Innenstadt war durch ein

kommendes Weinfest irgendwie dicht.

Und ich hasse nicht nur Lärm, sondern auch

Gedränge.

Dachte bei der Fahrt durch den Ort an die schöne

Tour mit Claudia („Kleine") durch die Eifel und

Luxembourg. Grüß dich, Mädel und alles Gute für

die Zukunft.

In Kröv an der Mosel holte mich der Wahlkampf mit den Plakaten der „hochverdienten" Berufspolitiker ein. Warum musste ich jetzt dabei wohl an den „Kröver Nacktarsch" denken?

Dann kam Alf!
Der war also gar nicht von Melmak. Dieser aufsässige Zottel war wohl wegen seines ungepflegten Äußeren und seiner „politisch unkorrekten" Sprüche des Landes verwiesen worden. Hier ist man bodenständig wie der „Pfälzer Saumagen". Warum musste ich dabei an den „Dicken" denken, der doch „zu seinem Ehrenwort" stand?

Jedenfalls war hier der angenehm ausklingende Abschied von meiner langen Reise. Ich fand ein Lokal mit überdachter Freiterrasse.
Ich aß etwas sehr Deutsches nach all dem Leckeren in Spanien und Frankreich: Schlachteplatte!
Die Wirtin (mit Migrationshintergrund) meinte, hier würde noch gekocht *wie früühäär*.
Schmeckte auch mal wieder gut. Musik der 60er

dudelte Jahre am Stück, herrlich!

Und dann gondelte da noch eine alte 350er Yamaha

Zweitakter an mir vorbei.

Womit hatte ich so viel Glück verdient?

Beim Töff in seiner Höhle / Hütte in Bad Neuenahr

schaute ich dann doch nicht mehr vorbei. So kurz

vor zu Hause rennt der Gaul (die Estrella) praktisch

nur noch heim in den Stall.

Zuhause hatten sowohl meine Schwiegertochter

als auch mein Ältester wieder den Kühlschrank

aufgefüllt und frische Brötchen besorgt.

Schön, dass es sie gibt.

WAS BLEIBT NUN VON DIESER PILGERFAHRT FÜR MICH PERSÖNLICH ZURÜCK?

Zuerst einmal Erinnerungen. Erinnerungen an die Vorbereitung, Erinnerungen an die Fahrt selbst und die Menschen, die ich unterwegs traf.

Natürlich auch Erinnerungen an die ganz persönlichen Gedanken, die ich unterwegs hatte und über die ich hier schweige.

Man hatte mich immer gefragt, mit wem ich zusammen führe.

Meine Antwort war stets, dass man kaum jemanden finden könne, der genauso bekloppt wäre, so etwas zur gleichen Zeit mit mir zusammen zu unternehmen. Zudem müsse man ja auch noch zueinander passen.

Allein sein hilft beim Nachdenken.

Allein sein hilft auch, unterwegs Kontakt zu ande-
ren, fremden Menschen zu bekommen.
Im Pilgerbüro in Santiago hatte ich zwar den Stem-
pel erhalten, aber kein „Pilgerdiplom". Was soll es.
Ich habe mein Versprechen in der mir möglichen
Weise eingelöst und werde die Eindrücke dieser
Fahrt nie vergessen.
Auch das wochenlange Niederschreiben jetzt
(heute ist der 8. Januar 2015) ist wunderbar und
hat fast „therapeutischen" Charakter.

Natürlich sind meine Söhne nun nicht plötzlich
„gesund" geworden. Mit Gott macht man keine
Geschäfte.
Aber ich selbst habe mir geholfen. Ich bin ausge-
brochen/ aufgebrochen aus meiner selbst aufer-
legten „Allzuständigkeit" für die gesamte
erweiterte Familie.
Wie sagte Kurt es mit einer Geburtstagskarte?

Mach doch einfach mal das,
was man Dir sagt: Sei glücklich!
(Und zwar für den Rest Deines Lebens)

Und Konrad hatte mir immer gesagt:

Lerne doch mal ein wenig Egoist zu sein!

Das ist alles sehr schwer, sich ein wenig aus der Rolle zu lösen, in der man durch die Sozialisation unseres „Christlichen Abendlandes" hineinge-drängt wurde. Nach 66 Jahren tut das richtig weh! Es beschwört auch Irritationen bei anderen herauf. Ich werde diesen Gedanken der **Eigenverant-wortung** auch für Staat(en) und Gesellschaft (hoffentlich noch 2015) im lange geplanten Buch „Nichts für Niemanden" zusammenfassen.

KONKRETE ÄNDERUNGEN:

- Im November 2013 hörte ich nach 50 ½ Jahren heftiger Qualmerei von einem auf den anderen Tag mit dem Rauchen auf. Ging irgendwie ganz leicht – bis heute immer noch.
- Ich beendete den Kontakt zu einer Person, die mich eigentlich immer nur genervt hatte. (Wolkenkuckucksheim bis hin zu Lügen-gebilden mag ich nicht.)

- Ich traf auf dem hiesigen Weihnachtsmarkt meine alten Kollegen und hatte plötzlich wieder die Kraft, nach vier Jahren Abwesenheit meine alte Wirkungsstätte zu besuchen. Ich freute mich dort über die freundliche Aufnahme. Als Rentner/ Pensionär hat man ja bisweilen das Gefühl, man sei schnell vergessen.
- Ich sprach beim „Familienessen" davon, dass ja nun die Oma drei Jahre tot sei und ich gerne eine neue Freundin hätte.

Mein ältester Enkel meinte da nur:

„Tu das doch. Kann dir doch keiner verbieten."

Das war so wie das „Ego te absolvo!"
Das tat mir so gut, hatten doch die Enkel eine besonders gute Beziehung zu meiner verstorbenen Frau gehabt.

- Unglaublich schnell fand ich auch meine persönliche „Goldene Nadel im Heuhaufen". Wir verstanden uns auf Anhieb.

[Hier eingeben]

Hannelore 2014 im Hard Rock Cafe in Danzig auf

dem Rückweg von unserer Masurentour.

(Wird auch noch ein Buch über „Heimat".)

**Meine Hannelore hat die gleichen Vorlieben und
Abneigungen wie ich, fährt Motorroller *, ist
hübsch, 8 Jahre jünger, aber noch weitaus agiler,
muss so aber leider noch ein wenig arbeiten.**

**„Eine neue Liebe ist
wie ein neues Leben…"
Wie wahr!**

(Auf ihrem Suzuki 400 Burgman ist mittlerweile ein passendes Topcase drauf. Die weggefallene Beifahrerrückenstütze könnte doch an meinen Estrellasattel passen?)

Wir zogen sehr schnell zusammen und heirateten am 25. September 2014, da vorher noch bürokratische Hindernisse zu beseitigen waren.

- **Meine Enkelkinder mochten Hanna ebenfalls auf Anhieb.**

So ganz von alleine von „Oma" reden und diese „Ersatzoma" auch immer wieder ganz feste zu drücken ist schon sehr schön.

- **Hannas Sohn/Schwiegertochter und die drei Enkel scheinen mich ebenfalls bereits „akzeptiert" zu haben.**

(Ist ja bei einem „Alten Zausel" immer schwerer, als bei einer netten Frau.)

NATÜRLICH GAB ES AUCH RÜCKSCHLÄGE UND ENTTÄUSCHUNGEN:

- **Boshaftes Geschwätz, was wir uns unterstünden, ohne Trauschein bereits zusam-**

men zu leben. Man könnte ja lauthals darüber lachen, wenn es nicht so traurig wäre.

- Verlustängste, dass da so ein „Packesel"
plötzlich nicht mehr „auf Abruf" für jegliche
Tätigkeit seine Arbeitskraft, seine Zeit
und auch sein Geld zur Verfügung stellt.
(Wer alles kann, muss halt auch alles machen.)

Dies müssen einige wenige Personen um uns
herum <u>jeglichen Alters</u> noch lernen und ganz
einfach unser spätes, aber eher großes Glück
respektieren.

Ich will nicht mehr, aber ich kann auch nicht mehr.
(Will vielleicht nicht jeder wahrhaben.)

Überlege einmal, bevor du gibst,
zweimal, bevor du nimmst
und tausendmal bevor du verlangst.

Mit diesem Spruch war Marie von Ebner-Eschen-
bach schon sehr nah am Tenor meines Buches
„Nichts für Niemanden".

Und John Fitzgerald Kennedy traf es noch deutlicher mit seinem Spruch:

Frage nicht, was der Staat für dich tun kann,

sondern frage dich selbst, was du

für den Staat tun kannst.

(Hört sich eher wie ein „Republikaner" an, als ein „Demokrat".)

KARTEN UND LITERATUR:

- Wenn man nur schnell da runter will und wenig Zeit für schöne Nebenstrecken hat, dann reicht das Tourset vom ADAC für Frankreich und Spanien völlig aus. Da steht alles drin und Überflüssiges kann auch nicht verwirren. Das waren so etwa 20 Karten und andere Materialien.

- Ansonsten hatte ich mehrere „Marco Polo" Karten im Maßstab 1:200.000 für Frankreich und Spanien.

- Von freytag & berndt hatte ich die „Freizeit-führer" mit „Gesamtplan" für den Spanischen und den Französischen Jakobsweg.

- Dazu kamen weitere Broschüren, die ich bei der Jakobsbruderschaft und unterwegs erhalten hatte.

- Bereits vor Jahren hatte ich gelesen: „Der Weg der grossen Sehnsucht" von Hans-Günther Kaufmann und Odilo Lechner OSB